다시, 겸손을 말하다

다시, 겸손을 말하다

황영철 지음

초판 1쇄 발행 2009년 9월 5일

발행처 도서출판 이레서원
발행인 김완섭

등록번호 제1-1147호
등록일자 1990년 12월 20일

책임편집 · 교정 유지은

서울시 송파구 거여동 9-5 2층
우편번호 138-813
전화 402-3238, 406-3273
팩스 401-3387
jiireh@chollian.net
newvisionk.com

저작권자 ⓒ 2009 황영철
값은 표지에 있습니다.
ISBN 978-89-7435-431-2 03230

다시, 겸손을 말하다

황영철 지음

이레서원

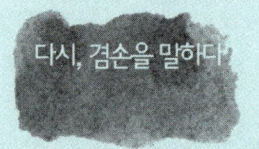

다시, 겸손을 말하다

머리말

　만약 겸손한 사람만이 겸손에 대해서 말할 수 있다면 겸손에 대해서 말할 수 있는 사람은 극히 드물거나 아주 없을 것이다. 겸손을 주제로 다루는 책이 그렇게도 적은 것을 보면, 많은 사람이 겸손에 대해서 논할 자신이 없을 만큼 겸손한지도 모르겠다. 그렇다면 이 책에서 겸손에 대해서 말하려고 하는 저자는 교만한 사람이라는 비난을 면키 어려울 것이다.

　아니면 이렇게 생각할 수도 있겠다. 심리학을 연구하는 사람들 중 많은 사람이 심리적인 문제를 가지고 있다는 것이 어느 정도 사실이라면(그렇지 않은 심리학자들은 양해해 주기 바란다) 겸손이라는 문제를 두고 오랫동안 씨름하고 있는 저자는 아마 겸손과 관련하여 자신에게 무슨 심각한 문제가 있다고 무의식적으로 생각하는지도 모르겠다(씨름하지 않는 신자들은, 만약 있다면, 양해해 주기 바란다).

　언젠가 목사인 대학 동창 친구와 대화하다가 '자신이 교만하다고 말하는 사람이 실은 가장 교만한 사람이다' 라고 말하는 것을 들었다. 스스로 겸손하다고 말하면 그는 몹시 교만한 사람이 된다. 그래서 행여나 하고 자기는 교만하다고 말해 보지만 여전히 그는 교만한 사람이라는 평가를 받기가 쉽다. 과연 겸손과 교만의 문제는 이렇게 말해도 어렵고 저렇게 말해도 어렵다. 그래서 많은 사람들이 겸손과 교만의 문제를 아예 입에 올리기조차 꺼려하는 것일 터이다. 그러는 사이에 교만이 서서히 신자의 품성을 지배하게 되는 것은 아닐까?

겸손은 신자에게 매우 중요한 덕목 중의 하나이다. 아니, 가장 중요한 덕목일 것이다. 성경학자들과 진실한 신자들은 교만을 여러 다양한 악덕 중의 하나라고 말하기보다는 오히려 모든 악덕의 근원이라고 진단해 왔다. 그래서 교만을 가장 두려워했다. 루터는 로마의 교황보다도 자기 안의 교만을 더욱 두려워한다고 말했다지 않은가. 어째서 그랬을까? 이 책은 이런 질문에 답하려는 한 시도이다.

이 책은 겸손에 대한 부분과 교만에 대한 부분으로 구성되어 있다. 겸손에 대한 부분에서는 겸손에 대해서 성경이 무엇이라고 가르

치는지 알아보려고 노력했다. 교만에 대한 부분에서도 마찬가지이다. 하지만 단순히 성경적인 개념만을 정확히 하려고 노력한 것이 아니라 우리의 일상적인 생활에서 겸손과 교만이 어떤 형태로 표현되는지, 또한 그 악한 결과가 무엇인지에 대해서도 알아보려고 했다. 그 결과 교회의 허다한 문제, 우리의 삶을 어렵게 하는 숱한 문제들이 겸손과 관련된 것임을 알게 되었고, 우리가 속한 가정, 교회, 사회 공동체에서 하나님의 통치를 이루기 위해서 겸손이 얼마나 중요한지를 다시금 확인하게 되었다. 우리가 겸손한 사람이든 교만한 사람이든, 이런 주제들에 대해서 좀더 알면 신자로 사는 일에 유익이 있을 것 같아서 이 힘든 주제를 믿음의 형제들 앞에 내어 놓는다.

내손동 도깨비시장통 이층 집에서

황영철

머리말 ● 5
서론 ● 11

제1부 겸손

1장 그리스도의 겸손 I
겸손의 원형 ● 27
그리스도의 선재 先在 ● 29
성자의 낮은 마음 ● 29
겸손과 성육신 ● 32
종의 형상을 취하심 ● 35
신자가 도달해야 하는 도덕적 품성 ● 37
그리스도의 겸손을 묵상하는 일 ● 39

2장 그리스도의 겸손 II
본문의 가르침 ● 46
겸손과 온유 ● 49
그리스도의 신성한 겸손 ● 50
겸손한 자를 향한 하나님의 마음 ● 51
여호와의 종의 모습 ● 53
여호와의 종 그리스도 ● 55
사도 바울의 경우 ● 57

다시, 겸손을 말하다
차례

3장 겸손의 정의

겸손에 대한 사람들의 이중적 태도 ● 64
겸손이란 단어의 뜻 ● 66
비천한 자를 높이시는 하나님 ● 69
주의할 점 ● 70
사회적 약자에게서 찾는 겸손의 특징 ● 71
겸손은 자기 위치에 대한 자각에서
시작됨 ● 72
죄에 빠진 사람의 상태를 아는 유익 ● 74
겸손한 상태의 한 예 ● 76
겸손에 따라오는 복 ● 77

4장 겸손한 사람

겸손한 자를 대적하는 위험 ● 81
고라와 다단과 아비람과 온의 반역 ● 87
모세를 부르심 ● 89
모세가 이 부분을 상세히 기록한 의도 ● 93
자기 삶에 대한 모세의 평가 ● 95
겸손의 그림자와 실체 ● 99

제2부 교만

5장 마귀의 교만

교만에 대한 경고 ● 107
교만의 뿌리 ● 109
자기 몫에 대한 불만-교만의 시작 ● 112
타락으로 인한 사람의 교만 ● 116
교만에 대한 하나님의 형벌 ● 118

6장 교만의 증상

자족하지 못하는 피조물 ● 124
악하고 헛된 이생의 자랑 ● 125
자신의 한계를 아는 정당한 생각 ● 130
교만의 다른 얼굴인 허영 ● 132
당면한 문제 ● 139
'자기보다 남을 낫게 여기고'의 의미 ● 140
겸손에 이르는 길 ● 142

7장 교만한 자의 말로

교만을 두려워해야 하는 이유 ● 147
교만한 자의 궁극적인 말로 ● 149
사람은 자기가 의지하는 것을 자랑함 ● 150
벨사살 왕의 패망 ● 153
사울의 패망 ● 156
사울이 맞이한 비참한 최후의 원인 ● 159
압살롬의 패망 ● 160
웃시야의 교만 ● 162

결론 ● 165

서론

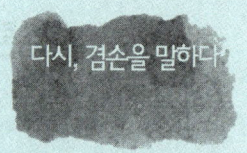

다시, 겸손을 말하다

서론

　겸손과 교만의 문제에서 가장 먼저 해결되어야 하는 오해는 그것이 단지 사람의 성품 문제라는 생각이다. 겸손과 교만은 사람의 성품 문제 이전에 신의 성품 문제이다. 이것은 겸손이 성자 예수님의 성품이고 교만이 마귀의 성품이라는 사실을 생각하면 쉽게 이해할 수 있다. 따라서 겸손이라는 성품은 사람이 역사의 지평에 등장하기 이전에 이미 성삼위의 제이위이신 성자의 성품으로 있었고, 교만도 하나님을 대적하여 스스로 높아지려는 마귀의 성품으로 이미 있었다. 이와 같이 겸손과 교만은 사람의 도덕적 성품 이전의 문제이다. 따라서 겸손한 사람이 된다는 것은 겸손한 분이신 그리스도에게 속하는 것이고 교만한 자가 된다는 것은 교만한 자 마귀에게 속하는 것이다.

　서론에서 이 책의 전체 구성과 각각의 내용을 요약함으로써 이 책을 위한 길잡이를 제공하려 한다. 이 책은 두 부분으로 되어 있다.

전반부는 겸손을 다루고 후반부는 교만을 다룬다. 겸손에 대해서는 두 가지를 다룬다. 첫째로 겸손이 어떻게 영원한 성삼위의 제이위이신 성자의 성품이었으며, 둘째로 이 성품이 지상에 인간의 몸을 입고 계신 그리스도에게서 어떻게 동일한 겸손으로 드러났는지를 다룬다. 후반부에서는 마귀의 마음에서 시작된 교만이, 그의 종이 된 사람들 속에서, 혹은 심지어 하나님의 자녀가 된 이후에도 여전히 타락의 세력을 완전히 벗지 못한 하나님의 백성들 사이에서 어떻게 드러나는지를 볼 것이다.

이 책은 다른 순서로도 읽을 수 있다. 교만을 다룬 후반부를 먼저 읽고 겸손에 대해 접근해 가도 좋을 것이다. 참고로, 이 제목으로 교회에서 강설할 때에는 교만을 먼저 다루었다.

1장에서 다룬 하나님의 겸손이라는 개념은 사람이 지실知悉할 수 없는 신비를 포함하고 있어서 함부로 다루기가 쉽지 않은 주제이지만 사도 바울이 그것을 가르쳤으므로 그 가르침의 정도 안에서 배울 수 있는 것을 배우려 했다. 성자에게는 겸손이 그의 영원한 성품으로 있었고, 우리는 이것을 신의 겸손이라고 부를 수 있을 것이다. 이것이 겸손이라는 덕성의 신성함과 영광스러움이다. 이 덕성은 또한 성자를 이해하는 열쇠가 되는 개념이기도 하다. 성자가 걸은 독특한 길, 곧 그가 인간의 몸을 입고 이 땅에 오셔서 완전한 사람이 되시고 고난을 당하시고 십자가에서 죽으시고 부활하시고 승천하시고 마침내 높이 들림을 받아서 만유 위에 높아지시며 만물이 그 발 앞에 엎

드리게 되는, 성자의 낮아짐과 높이 들림의 전 과정은 겸손을 그 핵심으로 하고 있는 까닭이다.

성자가 이런 과정을 거치는 것은 성자 자신을 위한 것이 아니다. 그것은 그리스도에게 붙은 많은 사람들을 위한 것이다. 이것이 성자에게서 발견되는 '섬김의 겸손'의 핵심이기도 하다. 그리스도에게 붙은 많은 사람들이 자기의 공로나 행위가 아닌 그리스도의 겸손으로 인한 구원의 공로에 참여함으로써 그리스도와 같은 길을 갈 것이다. 그들은 그리스도 안에 있음으로써 그 영광에 참여하는 것이다. 이 그리스도의 영광은 겸손이 가져다 주는 영광이다. 교만한 자는 그 영광에 들어갈 수 없고 접근할 수도 없다. 그런 까닭에 그리스도 안에 있고자 하고 그 영광에 참여하고자 하는 자는 겸손해야 한다.

2장은 겸손의 아이러니를 다룬다. 그것은 그리스도의 지상 생애 속에서 나타나는 기현상과 관련되어 있다. 겸손은 신성한 성품이다. 따라서 그것은 가장 찬란하고 순결하고 영광스러운 성품이다. 성자께서 인간의 몸을 입고 그리스도로 이 땅에 오셨을 때에도 그리스도는 변함없이 겸손한 분이셨다. 그 신성한 겸손을 그대로 유지한 채 세상에 오신 것이다. 그리스도가 세상에 오시고 사신 모든 삶은 신성한 겸손이 이 세상에서 어떻게 드러나는지를 보여 준다. 그 모습은 충격적이다. 사관舍館에 누일 곳이 없어 구유에 누인 아기로 나타났다. 눅 2:6-7. 사람들의 몰이해와 비웃음과 오해를 받는 모습으로 나타났다. 가장 가까운 가족들조차 그리스도를 미쳤다고 생각한 적이 있으며 막 3:21, 당시 성경에 대해 가장 해박한 지식을 가졌다는 종교 지도자들로부터는 귀신이 들렸다는 평가를 받았다 막 3:22. 가장 가까운 제자들조차 그리스도를 자기들의 출세를 위한 도구로 간주했으며 마 16:21-26 급기야 십자가의 수치스러운 죽음을 당해야 했다. 이것이 하나님의 신성한 겸손이 이 세상에 모습을 드러내는 방식이다.

동시에 2장에서는 겸손과 온유가 동전의 양면과 같음을 설명하였다. 겸손하지 않으면 온유할 수 없다는 것이 성경의 가르침이다. 실제로 성경은 겸손과 온유를 동일한 단어로 표현한다. 이 점에서 '나는 마음이 온유하고 겸손하니' 라는 그리스도의 말씀은 온유와 겸손의 관계를 가장 잘 보여준다. 그리스도께서 제자들에게 가장 중요하게 요구하신 것이 겸손이라는 사실은 시사하는 바가 크다. 그리스도의 제자는 복음을 전하고 구원받은 영혼을 돌보아야 하는 사람들이다. 돌본다는 말은 그 영혼을 자세히 살피고 친근하게 하며 그 기쁨과 슬픔을 자기 것으로 느끼면서 돌아본다는 말이다. 그런데 그 마음이 온유하지 않은 사람이 어떻게 이런 일을 할 수 있겠는가?

다음 3장에서는 성경에서 겸손을 나타내기 위해서 사용하는 기본 개념을 살펴보았다. 이 글을 통해서 겸손에 대한 좀더 명확한 그림을 그릴 수 있을 것이다. 성경에서 겸손을 나타내기 위해 사용하는 단어들은 병든 상태, 억눌린 상태, 버림받은 상태, 수치스러운 상태 등을 표시하는 단어들이다. 성경이 이런 단어들을 사용하여 겸손을 표시하는 것은 필연적인 일이다. 겸손이 이 세상에서 성공이나 출세나 화려함이나 장엄함으로 드러날 수가 없다는 사실은 이미 그리스도의 지상 생애에서 입증되었다. 그 사실은 이사야가 이미 예언하였다. 이사야는 53장에서 그리스도를 묘사하기를 우리가 흠모할 만한 아름다움이 없다고 하였다. 그는 진정 그리스도의 겸손을 본 것이다. 그리고 그 아름다움이 이 세상에서는 병든 상태, 억눌린 상태, 버림받은 상태, 수치스러운 상태 같은 것들로 나타날 수밖에 없음을 알고 있었던 것이다.

4장에서는 겸손의 힘을 살펴보았다. 이 세상 사람이 가장 두려워해야 하는 사람은 겸손한 사람이다. 겸손한 사람은 하나님이 함께하시는 사람인 까닭이다. 겸손한 사람의 손은 하나님의 손의 그림자이다. 그가 움직이는 것이 실은 하나님이 움직이는 것이다. 그것이 겸손한 자에 대한 하나님의 복의 약속이었다. 인간 역사의 모든 선하고 아름다운 것은 겸손한 자의 손을 통하여 나왔다. 교만한 자는 제국을 건설하고 거대한 토목사업을 하여 국민을 고역으로 몰아 넣었으나, 겸손한 자들은 병원과 고아원과 양로원을 지었다. 이것이 겸손의 위대한 힘이다. 겸손한 자를 두려워해야 한다는 원칙을 가장 잘 배울 수 있는 곳은 모세의 기록이다. 모세는 그 온유함이 지면의 모든 사람보다 승하다고 하였다 민 12:3. 그런데 모세의 생애에는 몇 번에 걸쳐서 사람들이 모세를 대적한 경우들이 있었다 민 12장, 16장. 그들은 참으로 위험한 일을 도모하였다. 겸손한 모세를 대적한 자들의 행동이 수치와 멸망으로 귀결된 것이 그 증거이다. 이는 하나님이 모세에 대한 도전을 자신에 대한 도전으로 간주하셨기 때문이다. 이것이 겸손의 가공할 만한 힘이며 우리가 겸손한 자를 두려워해야 하는 이유이다. 교만하고 허세를 부리는 사람을 두려워할 필요는 없다. 그들은 무능한 자들이고 잠시 후 그 자리를 보면 흔적도 없어질 자들이다. 그러나 겸손한 자는 두려워해야 할 자이다. 그를 대적한다는 것은 하나님을 대적하는 것과 같은 결과를 초래한다.

5장에서는 교만의 근원인 마귀에 대해서 다룬다. 먼저 분명히 해야 할 것은 그가 피조물이라는 사실이다. 그는 성자와 성신과 같이 영원한 하나님이 아니었다. 따라서 그는 하나님처럼 완전히 자유로운 존재가 아니었고 완전히 주권적인 존재가 아니었다. 이 말은 그가 하나님이 정해주신 위치와 몫으로 만족하고 감사하면서 하나님이 자기에게 맡기신 일을 충실히 해야 하는 존재라는 뜻이다. 그런데 그는 그렇게 생각지 않았다. 그는 자기의 위치와 자기의 몫이 자기의 가치에 턱없이 못 미친다고 생각했다. 자기는 더 높은 곳으로 올라가야 하고 더 많은 것을 소유해야 한다고 생각했다. 즉 마귀는 하나님이 그에게 부여한 가치 이상으로 자기를 생각한 것이다. 자기에 대해서 실제보다 높게 생각한 것이다. 바로 이것이 교만의 본질이다. 성경은 이것을 가리켜서 눈이 높다고 말한다. 그렇게 해서 마귀가 도달한 곳은 하나님을 대적하는 자리 곧 스스로 하나님의 자리를 원하는 위치였다. 이런 과정을 거쳐서 마귀는 교만한 자가 되었고 그 교만을 회개치 않고 지금도 사람들의 마음 속에서 하나님의 자리를 노리고 있다. 그러므로 하나님이 자기에게 정해주신 것으로 만족하지 않고 자기는 더 높은 자리로 올라가야 하고 더 많은 것을 향유해야 한다고 생각하는 이 교만의 본질적 성격을 가지고 있다면 이는 그가 마귀에 속한 자라는 증거이다. 그런 생각은 본질적으로 피조물이 할 생각이 아니다. 그것은 창조주에 대한 반항이며 궁극적으로는 자기가 하나님의 자리를 차지하겠다는 것이다. 그래서 교만한 사람은 마귀에게 속해 있으며 결국 스스로 하나님이 되고자 하는 것이다.

6장에서는 교만이 사람들의 생활에서 어떤 모습으로 드러나는지를 살펴보았다. 그것을 크게 두 가지 주제 하에서 다루었다. 하나는 이생의 자랑이라는 문제이고 다른 하나는 허영의 추구라는 문제이다. 이생의 자랑이라는 문제는 사람이 자기 생명에 대해서 가지는 기본적인 이해와 태도이다. 사람은 피조물로서 창조주의 뜻에 따라서 살기도 하고 죽기도 한다. 이것은 피조물인 인생이 마음에 각인하고 그것에 의해서 자기 삶을 영위해야 하는 기본 원칙이다. 그런데 사람들은 대체로 그런 사상과 원칙 가운데서 살지 않는다. 이 장에서 다루어지는 성경 구절들이 바로 그런 사람들의 삶의 모습이다. 그들이 자기 삶에 대해서 그것이 마치 자기 것인 양, 자기가 마음대로 할 수 있는 것처럼 생각하는 것은 그들의 마음이 하나님 앞에서 교만해서 그러하다. 사람의 생명의 주인은 하나님이며 따라서 사람은 하나님이 살게 하시면 살고 죽게 하시면 죽는다. 그러므로 사람은 마땅히 자기 생명에 대한 하나님의 뜻을 묻고 그 뜻에 따라서 살아야 한다. 이런 사상을 가지지 않은 사람은 모두 교만한 사람이다. 그들에게는 하나님을 하나님으로 높이지 않는 죄가 있다. 이것이 교만의 가장 근본적인 증상이다. 그리고 이 교만은 악한 자랑이며 약4:16, 선을 행할 줄 알면서도 행하지 않는 죄를 범하게 하며 약4:17, 자기를 위해서 재물을 쌓아 두고 하나님께 대하여 인색하게 만든다 눅12:21. 그것이 교만이 사람에게 일으키는 악한 생활 방식이다(이 부분의 핵심적인 통찰은 고 김홍전 목사의 강설에서 얻은 것임을 밝혀 둔다).

교만의 또 다른 중요한 증상은 허영이다. 허영이 교만의 필연적인 결과라는 것은 쉽게 이해할 수 있다. 교만은 원리상 자기를 자기 이상으로 생각하는 것이다. 이것이 교만한 자의 마음의 경향이므로 그는 어느 위치에 있고 어느 만큼을 소유했든지 더 높이 올라가야 하고 더 많이 소유해야 한다고 생각한다. 다시 말하면 그는 끝없이 올라갈 욕심을 가지고 있다. 결국 하나님의 자리까지 올라가야 한다. 이런 사람의 마음의 특징 중 하나가 다른 사람의 칭찬과 환호를 추구한다는 것이다. 왜 그런가 하면 자기는 그런 칭찬과 환호를 받아 마땅한 인물이라고 생각하는 까닭이다. 만약 자기가 그런 정도의 가치를 가진 사람이 아니라고 생각한다면 그것을 원치 않을 것이다. 그것을 제안 받아도 자기에게는 과분하다고 생각하면서 사양할 것이다. 그러나 많은 사람들은 그렇게 생각하지 않는다. 그래서 추구하는 것이 바로 헛된 영광이다.

사람이 영광을 추구한다는 것 곧 사람들의 칭찬과 환호를 바란다는 것은 보통 생각하는 것보다 훨씬 두려운 일이다. 모든 영광은 오로지 하나님에게만 속했다는 명확한 사실을 생각하면 금방 이해할 수 있다. 엄밀하게 말해서 어떤 피조물도 영광을 취할 수 없다. 피조물이 어떤 칭찬받을 만한 것을 가지고 있거나 어떤 영광스러운 일을 했다고 하더라도 그것은 피조물 자신이 한 것이 아닌 까닭이다. 자연의 아름다움은 그것을 만드신 하나님의 아름다움의 반영이다. 그러므로 사람은 자연의 아름다움을 보고 하나님을 찬송하고 하나님이 영광스럽다고 말해야 한다. 그렇게 하지 않고 자연 자체를 찬탄하고 영광스럽다고 하면 그것은 원리상 우상숭배와 마찬가지이다. 어떤 사람이 굉장한 재능을 발휘하고 위대한 일을 이룬다면 우리는 그 사람에게 생명과 호흡을 주시고 그런 재능을 주셔서 그런 일을 이루신 하나님께 감사하고 그 하나님께 영광을 돌려야 한다. 그렇지 않고 그것이 마치 그 사람 자신의 일인 양 그 사람 자신에게 영광을 돌리는 것은 부당한 일이다. 사도 바울의 전도 여행 중에 그런 일이 있었다. 바울과 바나바가 루스드라에서 전도하다가, 나면서 앉은뱅이가 되어 한 번도 걸어본 적이 없는 사람을 바울이 고쳐서 일어나 걷게 한 이적을 베풀었다. 그러자 그 지역 사람들이 바울과 바나바를 허메와 쓰스라고 하면서 그 앞에 제사를 드리려 하였다. 바울과 바나바는 기겁을 하여 옷을 찢고 말하기를 "여러분이여 어찌하여 이러한 일을 하느냐 우리도 너희와 같은 성정을 가진 사람이라"고 하면서 그들을 말린 기록이 나온다 행 14:8-18. 이것이 사람의 정당한 생각이다. 모든 영광과 칭찬은 하나님께 돌려져야 한다. 이는 피조물인 어떤 인생도 그런 영광과 칭찬에 합당하지 않은 까닭이다. 그래서 하나님은 "내가 나를 위하며 내가 나를 위하여 이를 이룰 것이라. 어찌 내 이름을 욕되게 하리요 내 영광을 다른 자에게 주지 아니하리라"고 말씀하셨다.사 48:11.

허영을 추구하는 것의 가장 큰 해악은 그것이 사람들 사이에 경쟁과 싸움을 일으키고야 만다는 것이다. 신자들 사이의 다툼과 불화의 가장 큰 원인 중의 하나가 이 허영을 추구하는 것 때문이다. 빌립보 교회에 그런 문제가 있었고, 사도 바울은 그 문제 때문에 빌립보서 2장에서 그리스도의 마음을 본받으라고 권면했던 것이다.

7장에서는 교만한 자의 말로가 얼마나 비참한지를 살펴보았다. 그것을 살펴본 것은 우리로 하여금 교만을 더욱 두려워하도록 하기 위함이다. 사람의 마음은 심히 부패하여 교만이 얼마나 두려운 대상인지를 알지 못하면 그것을 피하려 하지 않는다. 거기서 우리는 벨사살, 사울, 압살롬, 웃시야 등의 예를 살펴보았다. 그들에게서 우리는 교만의 여러 증상들이 종합적으로 나타나는 것을 본다. 그리고 교만의 결과로 하나같이 비참한 최후를 맞이하는 것을 본다. 이외에도 성경에서 찾을 수 있는 교만의 예는 부지기수이다. 그 많은 예를 다 찾아보고 분석하는 것은 우리에게 진정 유익이 될 것이다. 적어도 하루에 한 명씩 교만한 사람들의 예를 연구하고 그것을 묵상하면서 자신이 그들과 얼마나 유사한지를 상기한다면 우리가 교만을 피하는 데 크게 도움이 될 것이다.

제1부 **겸손**

告

겸손의 원형

그리스도의 선재

성자의 낮은 마음

겸손과 성육신

종의 형상을 취하심

신자가 도달해야 하는 도덕적 품성

그리스도의 겸손을 묵상하는 일

그리스도의 겸손 I

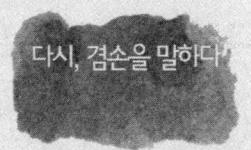
다시, 겸손을 말하다

그리스도의 겸손 I

⁵너희 안에 이 마음을 품으라 곧 그리스도 예수의 마음이니 ⁶그는 근본 하나님의 본체시나 하나님과 동등됨을 취할 것으로 여기지 아니하시고 ⁷오히려 자기를 비워 종의 형체를 가져 사람들과 같이 되었고 ⁸사람의 모양으로 나타나셨으매 자기를 낮추시고 죽기까지 복종하셨으니 곧 십자가에 죽으심이라 ⁹이러므로 하나님이 그를 지극히 높여 모든 이름 위에 뛰어난 이름을 주사 ¹⁰하늘에 있는 자들과 땅에 있는 자들과 땅 아래 있는 자들로 모든 무릎을 예수의 이름에 꿇게 하시고 ¹¹모든 입으로 예수 그리스도를 주라 시인하여 하나님 아버지께 영광을 돌리게 하셨느니라 빌 2:5-11.

겸손의 원형

이 본문은 겸손에 대한 사도 바울의 깊은 명상의 결과를 보여 준다. 가장 눈길을 끄는 요소는 겸손이 주 예수 그리스도의 성품이라는 사실이다. 그런데 조금만 생각하면 주 예수 그리스도의 겸손이 단지 사람의 겸손이 아니라 하나님의 겸손이라는 사실을 알 수 있다. 즉 위 본문은 겸손의 원형을 사람에게서 찾지 않고 하나님에게서 찾는다. 사도 바울이 참된 겸손의 원형을 하나님에게서 찾는다는 증거가 무엇인가? 6절에 그것이 나타나 있다. "그는 근본 하나님의 본체시나 하나님과 동등됨을 취할 것으로 여기지 아니하시고." 그러므로 겸손에 대한 우리의 모든 논의는 겸손의 원형 곧 그리스도의 겸손에서부터 시작되어야 한다. 그것도 그리스도께서 사람의 몸을 입고 이 세상에 오시기 이전 영원한 성삼위의 제이위로 계실 때부터 시작해야 한다.

이것은 두렵고 조심스러운 일이다. 겸손에 대한 우리의 묵상은 궁극적으로 성삼위 하나님의 신비한 관계 속을 들여다보는 일을 수반하는 까닭이다. 또한 우리가 본받아야 할 겸손이 성삼위 하나님 속에서 가장 먼저 발생한 까닭이다. 이것이 조심스러운 일인 것이 사실이지만 성삼위 하나님에 대한 어떤 면이 또한 우리에게 계시된 것도 사실이다. 그것이 우리에게 계시되었다면 우리는 그것을 성실히 연구하여 알아야 한다. 겸손의 기원에 대한 이 신성한 지식은 참된 겸손이 무엇이며 우리의 겸손이 어떠해야 하는지를 가르쳐 주기 때문이다. 그러므로 이 장에서는 겸손의 근원인 성자의 겸손에 대해서 살펴보기로 한다.

그리스도의 선재先在

그리스도는 사람의 몸을 입고 세상에 오시기 전에 영원한 성삼위의 제이위 곧 성자 하나님으로 계셨다. 그 사실을 "그는 근본 하나님의 본체시나"라는 구절에서 알 수 있다. 지금 사도 바울은 성삼위의 신비를 근거로 이렇게 말하고 있다. 그러므로 이 내용을 좀더 잘 이해하려면 삼위일체에 대한 어느 정도의 설명이 먼저 필요하다. 그리스도는 성부, 성자, 성신, 삼위 중 제이위의 신이시다. 그는 영원 전부터 신으로 계시면서 완전한 영광 가운데 계셨다. 그리스도는 지상에 계시는 동안 그 영광에 대한 명확한 기억을 가지고 계셨다. "아버지여 창세 전에 내가 아버지와 함께 가졌던 영화로써 지금도 아버지와 함께 나를 영화롭게 하옵소서" 요 17:5. 창세 전 영원 속에서 성부와 함께 계시던 상태는 영광의 상태였다. 그리스도는 이 땅에 인간의 몸을 입고 오시기 전에 성부와 성신과 동일한 영광과 능력과 통치권을 가지고 영원한 세계에서 신성의 영광 가운데 계시던 분이다. 이 사실을 사도 바울은 '그는 근본 하나님의 본체시나' 라는 말로 표현하고 있다.

성자의 낮은 마음

그런데 그 영광의 상태에 있을 때에 성자는 이미 어떤 마음 상태에 있으셨다. 그것은 신성한 성자의 마음이었다. 그 마음이 어떤 것이었는가? '하나님과 동등됨을 취할 것으로 여기지 아니하시는' 마음이었다. 여기서 말하는 하나님은 성부임이 분명하다. 하나님이신 성자가 하나님과 동등됨을 취할 것으로 여기지 않았던 사실, 사도 바울은 이 상태의 성자의 마음을 사람이 본받아야 할 겸손의 본질이요 근원이라고 가르친다. 빌립보서의 이 본문은 쉽지 않은 문제를 포함하고 있어서 많은 학자들이 그 정확한 의미에 대해 고심했다. 그러나 사도 바울이 말하고자 하는 요지는 분명하게 드러난다.

> 하나님과 동등됨을 취할 것으로 여기지 아니하는 성자의 신성한 겸손

먼저 명확하게 해야 하는 것은 아들이 아버지와 동등하지 않은 적이 없었다는 점이다. 아들은 언제나 아버지와 동등한 분이었다. 이는 아들이 피조물이 아니라 성부와 함께 영원한 하나님이신 까닭이다. 따라서 '하나님과 동등됨을 취할 것으로 여기지 아니했다'는 말은 아들이 자기에게 없는 것을 취하려 했다는 말이 아니다. 그는 이미 자기에게 있는 것 곧 하나님과 동등한 그 위치와 상태를 자기가 계속해서 유지할 만하다고 생각지 않았다는 것이다. 성자는 자신이 그 동등됨을 유지하고자 해도 아무 문제가 없다. 영원한 신으로서의 위치는 성자에게 당연한 것이다. 만약 그가 그 동등됨 가운데 있지 않다면 그것이 도리어 이상한 일일 것이다. 그런데 성자는 그 위치를 자신의 것으로 주장하거나 견지할 만하지 않다고 생각했다는 것이다. 신비한 일이다. 이것이 성자의 신비하고 신성한 겸손이다.

성자가 언제부터 그런 낮은 마음을 품으셨을까? 이것은 성자의 겸손을 이해하기 위해 꼭 필요한 질문이지만 거기에는 어려움이 있다. 그럴지라도 이 질문을 던지지 않을 수 없다. 우선 '언제부터'라는 것은 우리가 경험하는 시간의 순서 속에서나 의미가 있는 것이지

영원한 하나님에게서 발생하는 일에 대해서는 '언제부터'라는 말을 사용할 수 없다는 점을 먼저 기억해야 한다. 그러므로 이 질문은 조심스럽게 물어야 한다. 시간의 카테고리를 신성한 사실에 적용하여 생각할 때에 우리들은 오류에 빠지기 쉬운 까닭이다. 성부와 성자의 관계에 대해서 웨스트민스터 신앙고백은 '성자는 성부로부터 영원히 출생한다'는 말로 표현했다. 이 말은 성자는 어떤 일정한 시기에 성부의 아들이 된 것이 아니라는 말이다. 성자는 영원히 성부의 아들이라는 말이다.

이것은 성신에 대해서도 마찬가지이다. 성신이 성부와 성자로부터 발출한다고 할 때에도 '언제' 발출했다는 그 시기란 것이 없다. 성부와 성자가 영원히 아버지와 아들로 계시듯이 성신은 영원히 아버지와 아들로부터 발출하신다. 성부와 성자가 있다는 것은 곧 거기서 성신이 발출한다는 것을 의미한다. 성자가 없이 성부가 있었던 적이 없으며, 성신이 발출되지 않고 성부와 성자가 있었던 적이 없다. 성자는 영원히 성부에게서 출생하고 (참고로, 칼빈은 성자의 영원한 출생이라는 표현을 좋아하지 않았다) 성신은 영원히 성부와 성자로부터 발출한다. 그러면서 그 세 위는 신성과 영광과 위엄과 지식과 뜻에 있어서 완전히 하나이다. 성삼위 하나님은 이런 방식으로 존재하신다.

잠시 이야기가 곁으로 흘러갔으나 그리스도의 겸손이라는 사실을 좀더 잘 이해하려면 이 사실을 상기하는 것이 필요하다. 그러므로 성자가 '언제부터' 자신이 신성의 영광을 유지할 만하지 않다고 생각했는지를 묻는 것은 부질없는 일이다. 도리어 성자는 그의 인격, 그의 마음 자체가 그러했다고 보아야 한다. 그것이 성자의 마음이다. 다시 말하자면 '하나님과 동등됨을 취할 것으로 여기지 아니하신' 성자의 겸손은 그리스도의 마음 혹은 그리스도의 마음의 경향 혹은 사고 방식이라고 할 만하다. 그리스도는 항상 그러한 분이라는 뜻이다. 즉 겸손은 성자의 마음의 특성이면서 동시에 그리스도의 마음의 특성이다.

이처럼 겸손은 피조물인 인간에게서 발견되는 덕성이 아니다. 교만의 반대 개념으로 겸손이 있게 된 것이 아니다. 도리어 교만이 있기 이전에 겸손이 먼저 있었다. 겸손은 영원한 성자 하나님의 마음의 경향, 마음의 틀, 그 마음의 움직임의 한 특징이었다. 즉 자신은 성부와 동등됨을 취할 만하지 않다고 영원 전부터 생각한 그 마음이 곧 겸손의 마음이다. 성자의 이 겸손으로 인해서 성육신이 가능해졌다. 앞으로 보겠지만 마귀의 교만은 바로 이 성자의 겸손의 반대이다.

겸손과 성육신

사도는 여기서 성육신의 신비를 가능케 한 중요한 요소를 말하고 있다. 하나님이 사람이 된다는 것이 어떻게 가능한가? 더욱이 종의 형체였으며 죽음에까지 이른 그 사실이 어떻게 발생할 수 있었는가? 성자 하나님의 인격의 특징이 어떠했기에 그런 일을 감내했는가? 이것이 사도가 명상한 주제였고 그 명상의 결과 그는 성자의 겸손을 발견한 것이다. 즉 성자는 영원한 하나님이시며 영원한 하나님의 본체이시면서도 하나님과 동등됨을 자기의 것으로 견지하지 않을 정도로 겸손한 마음을 가지셨다는 것이다.

나아가서 이것이 성자에게 강요된 것이 아님을 기억해야 한다. 아무도 성자에게 그것을 강요할 수 없다. 성부도 성신도 그것을 성자에게 강요하지 않으셨다. 그것은 성자의 가장 자유로운 결정의 산물이다. 다시 말하면 성자의 마음으로부터 흘러나온 일이다. 성자가 '자기를 비워 종의 형체를 가져 사람들과 같이 되었고 사람의 모양으로 나타나셨으매 자기를 낮추시고 죽기까지 복종' 하신 그 모든 과정은 성자 자신의 겸손한 마음의 결과였다. 만약 그가 그렇게 겸손한 분이 아니었다면 이런 일은 없었을 것이다. 성자는 자신이 그런 일을 당해도 무방하다고 생각하신 것이다. 단순히 무방하다고 생각하신 것이 아니라 자신이 그렇게 해야 한다고 생각하신 것이다. 거기에 수반되는 수치와 낮아짐을 개의치 않으신 것이다. 그것이 억울한 일이라고 생각지 않은 것이다. 그것이 자기의 가치에 비해서 현저히 불의한 일이라고 불평하지 않으셨다는 것이다. 자신이 그 일을 당하는 것에 대해서 스스로 아무렇지도 않게 생각하셨다는 것이다. 만약 그렇지 않았다면 성자는 불평과 불만 속에서 인간의 몸을 입고 와서 그리스도가 되셨을 것이다. 그런데 그리스도는 전혀 그렇지 않았다. 이것은 참으로 신비스러운 일이다. 어떻게 신성한 하나님이신 성자가 그런 마음을 품을 수 있었을까?

결국 사도 바울이 도달한 결론은 성자의 겸손이다. 그리스도가 영원한 하나님으로 성삼위의 제이위로 계실 때에 마음에 품은 겸손함이라면 그것은 신성한 겸손이다. 우리는 여기서 영원 전부터 성부와 성자가 어떤 관계 속에 있었는지에 대한 한 가지 사실을 배울 수 있다. 성부는 영원히 성자를 낳으시면서 성자에게 자신과 완전히 동일한 모든 영광을 입혀 주신다. 성부는 자신의 모든 영광과 위엄과 능력을 성자에게 주시며 신성에 있어서 성자와 아무 차이가 없이 되신다. "내게 주신 영광을 내가 저희에게 주었사오니 이는 우리가 하나가 된 것같이 저희도 하나가 되게 하려 함이니이다" 요 17:22. 그것이 성자에 대해서 성부가 취하시는 신성한 행동이었다.

이에 대해서 성자는 그 영광이 자기가 취할 만한 것이 아니라고 느낀 것이다. 성자가 그런 생각을 품는다고 해서 그 영광이 성자의 것이 아닌 것이 아니다. 성자는 이미 아버지와 동등한 신성의 영광 가운데 계셨다. 그런 상태에서도 성자는 그것이 자기가 계속 견지할 만한 것이 아니라고 느끼신 것이다. 이것이 성부와 성자 사이에서 발생한 일이다. 성부는 성자를 영원히 높여서 자신과 동등하게 하시며 모든 영광과 능력을 나누시지만 성자는 그것을 자기의 것으로 마땅히 취할 만하다고 생각하지 않으신 것, 이것이 성부와 성자 사이에 있던 한 가지 중요한 면이다. 이 관계를 명심하는 것이 중요하다. 왜냐하면 바로 이 관계가 신자들 사이에 있어야 하는 관계의 전형인 까닭이다. 신성의 영광 속에서 발생한 이 높임과 겸손은 회복된 인간성으로, 하나님 나라 백성 사이에서 동일하게 반영되어 나와야 한다. 그것이 사도 바울이 가르치는 바이다. 이것이 신자

> 신성의 영광 속에서 발생한 높임과 겸손은 하나님 나라 백성에게서도 나와야

가 서로 상대방을 자기보다 낮게 여기는 모습의 실상이다. 서로가 상대방을 자기보다 높게 여기면서, 동시에 서로가 자기는 그렇게 높은 대접을 받을 만하지 않다고 생각하고 그렇게 처신하라는 것이다. 이것이 겸손이 구현되는 인간 사회의 모습이다. 사도는 신자의 관계가 그렇게 되어야 한다고 말한다.

종의 형상을 취하심

성자는 자신이 그렇게 신성의 영광을 견지할 것으로 생각하지 않으신 결과 거기서 더욱 낮은 곳으로 내려가 인간이 되어야겠다고 생각하신다. 그렇게 하기 위해서는 자기를 비워야 한다. 비운다는 것은 신성을 벗는다는 말이 아니라 하나님과 동등한 영광의 상태를 벗는다는 말이다. 신성의 영광을 그대로 유지하고는 인간이 되고 종이 될 수 없다. 그래서 영광을 벗으셨다. 그럴지라도 신성은 그대로 유지하셨다. 그리스도께서는 지상에 계실 때에 제자들에게 신성의 영광을 드러내신 적이 있었다. 변화산에서의 모습이 그 중 하나이다. 그러나 그 모습조차 제자들에게 보이기 위한 것이었지 신성의 영광의 충만한 모습은 아니었다. 우리는 그 영광에 좀더 가까운 모습을 변화산에서보다는 요한계시록에서 더 잘 볼 수 있다. 그러나 그 모습도 신성의 완전한 영광의 표현은 아닐 것이다. 신성의 완전한 영광은 인간에게는 영원히 감춰질 수밖에 없다. 유한한 피조물인 인간은 하나님의 신성의 완전한 영광을 영원히 직면할 수 없을 것이다. 그러므로 그리스도는 자신에게서 그 영광을 비워야 했다.

그렇게 하고서 그리스도는 종의 형상을 취하셨다. 여기서 그리스도가 종의 형상을 취하였을 때 그의 마음이 어떠했을까? 자기는 마땅히 누릴 것을 누리지 못한다고 생각했을까? 자신이 내린 결정, 곧 자기를 비워 종의 형상을 취하고 죽기까지 복종하는 그 모든 과정에서 마음 속에 불만을 품고 투덜거리면서 그렇게 되었을까? 그리스도는 그렇게 하지 않으셨다. 자신이 종의 모습으로 세상에 존재하는 그 상태에 대해서 불만이나 불평 없이 담담히 그것을 받아들이고 그 생활을 하셨다. 이것이 참으로 신비한 그리스도의 겸손이다. 어떻게 그렇게 될 수 있었는지 기이한 일이 아닐 수 없다.

게다가 그리스도는 이 땅에 높은 사람으로 오신 것이 아니다. 만약 인간 세계에서 그리스도에게 합당한 삶이 있었다면 어떤 것이었을까? 물론 이 세상에서 신을 위한 자리를 찾는다는 것이 어불성설이지만, 그래도 만약 그런 자리가 있다면 가장 영화로운 자리, 가장 위엄 있는 자리, 가장 부귀영화로 가득한 자리가 되어야 했을 것이다. 그런데 그리스도는 그런 자리와는 아무 관계가 없는 자리로 오셨다. 도리어 인간으로서 수치스러운 자리로 오셨다. 출생할 때에는 필부필부를 부모로 하여 출생하셨다. 어미 모태에서 나올 때에는 여관에도 자리를 잡지 못하고 가축의 먹이를 담아두는 구유에 누이셨다. 그리스도의 지상 생애에 대해서 이런 이야기를 하자면 한도 끝도 없을 것이다.

그런데 왜 이렇게 오셨을까? 이는 그리스도가 와서 하실 일이 바로 그렇게 낮은 일이었던 까닭이다. 그는 종으로 오신 것이다. 누구의 종으로 오셨는가? 물론 하나님의 종으로 오셨다. 그러나 하나님의 종으로만 오신 것이 아니라 인간의 종으로도 오신 것이다. "예수께서 불러다가 이르시되 이방인의 소위 집권자들이 저희를 임의로 주관하고 그 대인들이 저희에게 권세를 부리는 줄을 너희가 알거니와 너희 중에는 그렇지 아니하니 너희 중에 누구든지 크고자 하는 자는 너희를 섬기는 자가 되고 너희 중에 누구든지 으뜸이 되고자 하는 자는 모든 사람의 종이 되어야 하리라 인자의 온 것은 섬김을 받으려 함이 아니라 도리어 섬기려 하고 자기 목숨을 많은 사람의 대속물로 주려 함이니라" 막10:42-45. 그리스도께서는 자신의 삶을 종의 삶으로 규정하고 있음이 분명하다. 자신이 종으로 살았으니 제자들도 종으로 살라는 것이다.

신자가 도달해야 하는 도덕적 품성

사도 바울이 그리스도의 이런 겸손을 거론한 것은 빌립보 교인들이 도달해야 할 덕성과 이루어야 할 사회에 대해서 가르치기 위해서였다. 그것이 2장 1-4절에 나타난다. "그러므로 그리스도 안에 무슨 권면이나 사랑에 무슨 위로나 성령의 무슨 교제나 긍휼이나 자비가 있거든 마음을 같이 하여 같은 사랑을 가지고 뜻을 합하며 한 마음을 품어 아무 일에든지 다툼이나 허영으로 하지 말고 오직 겸손한 마음으로 각각 자기보다 남을 낫게 여기고 각각 자기 일을 돌아볼 뿐더러 또한 각각 다른 사람들의 일을 돌아보아 나의 기쁨을 충만케 하라." 이것이 사도 바울이 빌립보 교회에 기대하는 바이다. 신자들

사이에는 다툼이나 허영이 없어야 한다. 마음과 뜻이 갈기갈기 찢어져서 자기 생각을 끝까지 주장하고 나가는 일이 없어야 한다. 자기가 다른 사람보다 잘났다고 생각하면서 헛된 영광을 추구해 나가는 일이 없어야 한다. 도리어 그들이 그리스도 안에 있음으로써 서로 권면하고 사랑하고 위로하고 교제하고 불쌍히 여기며 친절하게 대해야 한다. 그렇게 각 사람이 자기의 일과 다른 사람의 일을 함께 돌아보아야 한다. 즉 다른 사람을 자기 몸처럼 사랑하는 이런 덕성이 절대적으로 필요하다.

빌립보 교회는 일찍부터 사도 바울이 하는 복음 전파 사역의 의미를 깨닫고 그를 지원한 교회였다 빌 1:5; 4:15. 사도는 그것을 대단히 귀하게 생각했고 그들에 대해서 깊은 애정을 가지고 있었다. 사도 바울에 대한 그들의 심정은 결국 그리스도에 대한 사랑의 표현이었던 까닭이다. 사도가 빌립보 교회를 생각하면 마음에 기쁨을 느끼고 위로를 받았다. 그래서 사도 바울은 그들을 자신의 기쁨이요 면류관이라고 불렀다 4:1. 그러나 그런 교회에도 문제가 있었다. 4장 2절에서 사도는 "내가 유오디아와 순두게를 권하노니 주 안에서 같은 마음을 품으라"고 권면한다. 이 두 이름은 여성의 이름이다. 사도가 편지에서 화해를 종용할 정도였다면 이 두 사람의 불화와 반목은 교회 내에서 심각한 문제였음이 분명하다. 교회 내에서 단 두 사람이라도 끝까지 서로 맞서면서 마음을 합하지 않는다면 그 한 가지 만으로도 교회를 약화시키기에 충분하다. 많은 사람이 필요한 것이 아니다. 단 두 사람이면 충분하다. 단 두 사람만 서로 미워하고 적대하고 싸우면 교회는 크게 약화되고 그리스도의 영광은 심각하게 가려진다. 교회를 무너뜨리고 그리스도의 영광을 가리기 원하는 사람은 아주 손쉽게 그렇게 할 수 있다. 누군가를 마음으로 미워하고 계속 적대하고 다른 사람들에게 그 사실을 알리면 된다. 빌립보 교회에서는 이 두 여성이 바로 그런 문제를 일으키고 있었을 것이다. 그러므로 지금 빌립보 교회는 그리스도인의 덕성에 대해서 다시 생각하고 그것을 함양하기 위해서 수양할 필요가 있었다.

그렇다면 신자는 어떻게 2장 1-4절에서 가르치는 그런 믿음의 덕을 함양할 수 있을까? 사도 바울은 그리스도의 겸손을 본받는 것이 그 방법이라고 가르쳤다. 신성하고 신비한 신의 겸손 곧 그리스도의 겸손을 깨닫고 본받는 것이라고 가르쳤다.

그리스도의 겸손을 묵상하는 일

이 그리스도의 겸손을 신자는 깊이 묵상할 필요가 있다. 이것을 매일같이 묵상하고 또 묵상할 필요가 있다. 이는 우리가 뼛속까지 교만한 사람인 까닭이다. 우리가 인간으로서 처음 발휘하는 성격은 교만이다. 그리고 다른 모든 면에서 완전히 연약해지고 모든 것에서 완전히 무너져서 죽음에 임하는 그 순간까지 우리가 벗지 못하는 악이 바로 교만이다. 어거스틴Augustine은 말하기를 '사람을 처음 정복한 그것을 사람은 맨 마지막에 정복한다'라고 말했다. 스펄전 Spurgeon은 '교만은 사람의 첫째 죄였으며 그의 마지막 죄가 될 것이다'고 말했다. 존 낙스John Knox는 죽음을 앞둔 마지막 순간에 자신의 교만과 자기 의를 생각하고 두려움에 떨었다고 한다. 이것이 인간이다. 우리는 우리에게서 교만이 물러나는 순간이 있으리라는 망상을 버려야 한다. 교만은 언제나 음험한 눈을 하고 우리를 노리고 있다.

> 우리에게서 교만이 물러나는 순간이 있으리라는 망상을 버려야 한다

하나님께 열정적으로 기도하고 마음에 큰 기쁨을 느끼면서 자기만큼 기도하지 못하는 것처럼 보이는 형제를 마음 속으로 불쌍히 여길 때 교만은 우리를 비웃고 여전히 우리가 자신의 종임을 확신한다. 하나님 말씀의 진리를 깨닫고 그 깨달음으로 인해서 기뻐하며 다른 사람들에게 그것을 전파하여 감동을 주면서, 그렇게 하지 못하는 다른 사람들을 불쌍히 여길 때 교만은 여전히 우리가 자신의 지배하에 있음을 재확인한다. 우리가 자신의 모든 것을 희생하여 다른 사람을 도와주고, 자기의 도움을 받는 그 사람들을 두고두고 기억하면서 마음 속으로 흐뭇함을 느낄 때에 교만은 여전히 우리 속에서 흰 이를 드러내며 웃고 있다. 도대체 우리가 하는 모든 일들 중에서 자신에 대한 신뢰, 자기가 하는 일에 대한 높은 가치를 인정하지 않는 순간이 언제인가? 우리는 성공을 해도 다른 사람보다 나아야 하고, 심지어 죄를 범해도 시시한 죄를 범해서는 성이 차지 않는다. 얼마나 많은 간증들이 자기는 특별한 죄를 지었고, 은혜도 특별히 받았으며, 하나님의 사랑은 또한 자기에게 얼마나 특별하다고 말하는가? 이것이 우리 자신이다. 심지어 우리는 교만에 대해서 말할 때조차 나는 다른 사람들보다 특별히 더 교만하다고 말하기를 좋아한다. 다른 사람들보다 덜 교만해서

는 성이 차지 않는 것이다. 이 교만은 우리의 난치병이요 죽을 때까지 동행하는 악이다.

　이 교만으로 인해서 우리가 다른 사람들을 불행하게 만들거나 교회를 약화시키는 악을 피하는 길은 그리스도의 겸손을 묵상하는 것이다. 교만과 싸워 이길 수 있다는 생각은 또 다른 교만이다. 교만은 우리가 싸워서 이길 수 있는 적이 아니다. 교만은 단지 그리스도의 은혜에 의해서 우리 안에서 억제될 수 있을 뿐이다. 그것은 항상 우리 안에 있다. 죽을 때까지 함께한다. 그러나 그 교만이 나의 속에서 마음대로 활동하게 하는 일은 위험한 일이다. 그것은 반드시 비극을 초래하는 일이다. 특히 신자에게 있어서는 더욱 그러하다. 그러므로 우리는 그리스도의 겸손을 묵상해야 한다. 그 겸손이 나의 마음 속에 공명을 일으키고 신성한 겸손이 우리 안에서 준동하는 교만의 힘을 억제할 수 있을 때까지 해야 한다. 그리고 하나님 앞에서 자신의 교만을 깨닫고 슬퍼하고 회개하면서 하루하루를 살아야 한다. 그것 밖에는 길이 없다.

　또한 이 겸손은 실천되어야 한다. 그 모범은 역시 그리스도이다. 그것은 자신이 지금 받는 대우에 대해서 불평하지 않는 데에서 출발한다. 더 나아가 과분하게 생각한다면 더 좋다. 지금 자기의 처지는 자기에게 지나치게 낮으며 따라서 자기는 더 높은 자리에 있어야 한다는 생각이 바로 교만의 시작이다. 마귀가 바로 그 생각에 빠져서 범죄한 것이다. 그래서 교만은 모든 죄악의 뿌리이다. 그러므로 신자도 마찬가지이다. 그는 자기의 처지에 대해서, 자신에 대한 다른 사람의 대접에 대해서 만족하고 과분하다고 생각해야 한다. 이런 생각이 그의 마음자리가 되어야 한다. 자기가 처한 자리에서 만족하고 기뻐하면서 자기의 최선을 다하고 살아야 한다. 자기의 눈으로 위를 보는 것이 아니라 아래를 보아야 한다. 이것이 그리스도께서 하신 일이다. 겸손한 사람은 그렇게 한다. 그렇게 하면 마침내 하나님이 높이실 것이다.

본문의 가르침

겸손과 온유

그리스도의 신성한 겸손

겸손한 자를 향한 하나님의 마음

여호와의 종의 모습

여호와의 종 그리스도

사도 바울의 경우

그리스도의 겸손 II

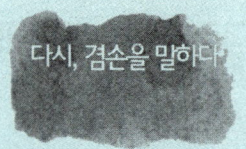
다시, 겸손을 말하다

그리스도의 겸손 II

²⁰예수께서 권능을 가장 많이 베푸신 고을들이 회개치 아니하므로 그 때에 책망하시되 ²¹화가 있을진저 고라신아 화가 있을진저 벳새다야 너희에게서 행한 모든 권능을 두로와 시돈에서 행하였더면 저희가 벌써 베옷을 입고 재에 앉아 회개하였으리라 ²²내가 너희에게 이르노니 심판 날에 두로와 시돈이 너희보다 견디기 쉬우리라 ²³가버나움아 네가 하늘에까지 높아지겠느냐 음부에까지 낮아지리라 네게서 행한 모든 권능을 소돔에서 행하였더면 그 성이 오늘날까지 있었으리라 ²⁴내가 너희에게 이르노니 심판 날에 소돔 땅이 너보다 견디기 쉬우리라 하시니라 ²⁵그 때에 예수께서 대답하여 가라사대 천지의 주재이신 아버지여 이것을 지혜롭고 슬기 있는 자들에게는 숨기시고 어린 아이들에게는 나타내심을 감사하나이다 ²⁶옳소이다 이렇게 된 것이 아버지의 뜻이니이다 ²⁷내 아버지께서 모든 것을 내게 주셨으니 아버지 외에는 아들을

아는 자가 없고 아들과 또 아들의 소원대로 계시를 받는 자 외에는 아버지를 아는 자가 없느니라 [28]수고하고 무거운 짐 진 자들아 다 내게로 오라 내가 너희를 쉬게 하리라 [29]나는 마음이 온유하고 겸손하니 나의 멍에를 메고 내게 배우라 그러면 너희 마음이 쉼을 얻으리니 [30]이는 내 멍에는 쉽고 내 짐은 가벼움이라 하시니라 마 11:20-30.

본문의 가르침

그리스도의 겸손에 대해서 좀더 생각하기로 한다. 이 본문은 왜 사람들이 그리스도의 제자가 되어야 하는지를 가르친다. 그리스도는 마음이 온유하고 겸손하므로 그의 제자가 되면 쉼을 얻을 것이다. 이 쉼은 일차적으로 세상살이의 어려움으로부터 벗어나리라는 의미는 아니다. 문맥상 그렇게 해석해야 할 하등의 이유가 없다. 도리어 당시 유대 사회의 상황을 배경으로 놓고 보면 이 쉼은 사람이 하나님의 사랑과 자비를 믿지 못하고 율법 준수의 큰 부담 속에서 허덕이는 그 무거운 짐에서 벗어나 쉼을 얻으리라는 것으로 보는 것이 자연스럽다. 이렇게 쉼을 얻을 수 있는 이유는 그리스도가 온유하고 겸손한 분이기 때문이다. 그는 온유하고 겸손하기 때문에 그가 메우는 멍에는 쉽고 그가 지우는 짐은 가볍다. 그런 까닭에 사람은 그리스도에게로 가서 그의 제자가 되어야 한다.

이 본문이 겸손과 중요한 관계가 있다는 것을 이 단락과 연결된 문맥에서 확인할 수 있다. 11장 25-26절에서 주님은 이렇게 기도하신다. "천지의 주재이신 아버지여 이것을 지혜롭고 슬기 있는 자들에게는 숨기시고 어린아이들에게는 나타내심을 감사하나이다 옳소이다 이렇게 된 것이 아버지의 뜻이니이다." 이것은 하나님의 계시는 지혜롭고 슬기 있는 자들에게는 감추어지고 어린아이들에게는 나타난다는 말이다. 여기서 지혜롭고 슬기 있는 자들이란, 그 앞 문맥에서 보면 고라신과 벳새다와 가버나움 사람들 곧 갈릴리 사람들이다 20-24절. 그 고을들에서 예수님은 가장 많은 권능을 행하셨다. 그렇다면 당연히 그들이 가장 많이 예수님을 믿어야 할 것이다. 그런데도 결과는 정반대로 나타났다. 그들이 도리어 회개치 않은 것이다. 왜냐하면 그들은 지혜롭고 슬기 있는 자들이었기 때문이다. 우리는 여기서 주님께서 말씀하시는 지혜롭고 슬기 있는 자들이 누구인지 알게 된다. 그들은 고라신과 벳새다와 가버나움 사람들로서 스스로 지혜롭고 슬기 있다고 생각하는 사람들이다. 그들은 아마 그리스도로부터 무슨 특별하고 신통한 지혜 같은 것을 기대했을 것이다. 그러나 주님의 가르침으로부터 자기들이 생각하는 지혜와 슬기 같은 것을 발견하지 못했을 것이다. 그래서 그들은 주님을 배척했다.

그럼에도 불구하고 그들 중에는 주님의 기적을 보고 주님을 하나님의 보내심을 받은 분으로 알고 믿고 따르는 사람들이 생겨났다. 그것이 "어린아이들에게는 나타내심을 감사하나이다 옳소이다 이렇게 된 것이 아버지의 뜻이니이다"라는 구절에서 나타난다. 주님은 그들을 어린아이들이라고 말씀하셨다. 그들의 순진성과 주님을 향한 단순한 믿음을 어린아이의 마음에 비유해서 가르치신 것이다. 지혜롭고 슬기 있는 사람들은 주님을 배척했으나 어린아이들은 주님을 받아들였다.

이것은 사람의 눈에 보이는 외적인 현상일 뿐이다. 그 배후에는 좀더 신성하고 근본적인 일이 있다. 즉 하나님의 계시의 사실이 거기에 있는 것이다. 지혜롭고 슬기 있는 자들에게는 하나님께서 예수님을 깨달을 수 있는 계시를 주지 않으셨다. 그들에게는 감추어 버리신 것이다. 그들의 눈이 어두워져서 주님을 뻔히 보면서도 주님을 못 알아본 것이다. 그러나 어린아이들은 눈이 열렸다. 하나님이 그 눈을 열어 주신 것이다. 그래서 그들은 주님을 알아보았다. 이렇게 지혜롭고 슬기 있는 자들에게는 숨기시고 어린아이들에게는 나타내 보이시는 것이 하나님의 뜻이었다.

하지만 이 하나님의 뜻을 실현하는 것은 아들의 일이다. 왜냐하면 아버지가 모든 것을 아들에게 주셨기 때문이다27절. 그렇기 때문에 누가 계시를 받느냐 하는 것은 아들의 소원에 의해서 결정된다. 그렇게 아들의 소원에 따라서 계시를 받은 자만이 아버지를 알 수 있게 된다. 아버지는 아들에게 모든 것을 주셨으나 아들은 아버지의 뜻을 행한다. 동시에 아들의 뜻은 아버지에 의해서 성취된다. 여기에 아버지와 아들이 온전히 하나가 되었음이 드러난다.

그런데 이 모든 것이 겸손과 교만이라는 사실을 근거로 진행되고 있음을 주목하지 않을 수 없다. 아들의 소원에 따라서 눈이 가려져 그리스도를 믿지 않은 사람들은 지혜롭고 슬기 있는 자들이다. 물론 이것은 그들이 스스로 지혜롭고 슬기 있다고 생각하는 것뿐이다. 이것은 그들 내부의 교만을 암시한다. 그들은 자신의 지혜와 슬기를 의지하고 그리스도를 배척한 것이다. 이 교만은 그리스도와 양립할 수 없다. 왜냐하면 그리스도는 겸손한 분인 까닭이다. 겸손과 교만은 함께할 수 없다. 겸손한 그리스도는 교만한 자들이 계시 받기를 원치 않으신 것이다. 이것이 교만의 비극이다. 교만한 자는 그의 존재가 하나님의 진리를 거부하는 위치에 있다. 그러므로 그의 마음은 계시에 대해서 열리지 않는다. 교만한 자리에서 그대로 멸망해 갈 뿐이다. 이것이 벳새다와 고라신에 살던 지혜롭고 슬기 있는 자들의 비극이었다.

> 스스로 지혜롭고 슬기있다고 생각하는 것은 그들 내부의 교만을 암시한다

겸손과 온유

바로 이런 사실을 배경으로 그리스도는 '나는 온유하고 겸손하다'고 선언하셨다. 그리스도께서는 겸손과 온유를 한 호흡으로 말씀하셨다. 이것은 겸손과 온유가 동전의 양면과 같은 까닭이다. 겸손은 그의 마음 속의 상태이고 온유는 겸손이 다른 사람들과의 관계에서 드러나는 모습이다. 겸손한 사람은 그 마음이 온유하다. 때문에 겸손한 사람은 다른 사람에게 쉼을 제공한다. 이것은 세상살이에서도 마찬가지이다. 겸손한 사람은 마음이 온유하므로 다른 사람의 기쁨과 슬픔을 헤아리고 고통과 즐거움을 헤아린다. 그리고 거기에 자기의 마음이 공감되어 위로와 힘을 준다. 이것은 오로지 겸손한 마음만이 가지는 정신적 힘이다. 그런 사람에게는 사람들의 도움이 모

인다. 이렇게 해서 겸손한 사람은 점점 흥왕해가고 존귀를 얻는다. 그에 비해서 교만한 사람은 그 마음이 온유하지 못하다. 그래서 사람들이 그런 사람에게서는 쉼을 얻지 못한다. 교만한 사람은 군림하려 하고 자기 생각을 강요하느라 다른 사람의 심정을 헤아릴 정신적 능력이나 여유가 없는 까닭이다. 그래서 교만한 사람은 다른 사람들을 피곤하게 한다. 사람들은 가능한 한 교만한 사람과 함께 있기를 싫어하며 기회만 되면 떠나려 한다. 결국 교만한 사람은 서서히 패망해 가는 것이다. "사람의 마음의 교만은 멸망의 선봉이요 겸손은 존귀의 앞잡이니라" 잠 18:12.

그리스도의 신성한 겸손

그리스도는 겸손하신 분이다. 그리스도께서 스스로 자신을 향하여 겸손하다 하셨다. 이것은 사람이 할 수 있는 말이 아니다. 아담의 후손으로 태어난 모든 사람은 스스로 교만하다는 것을 안다. 어떤 사람도 자신을 겸손하다고 주장하지 못한다. 그러나 그리스도는 다르다. 그리스도는 스스로 자신을 겸손하다고 선언할 수 있는 분이다. 우리가 앞에서 보았듯이 이는 그리스도의 신비한 겸손 때문이다. 그리스도는 하나님의 본체이시면서도 그 위치를 계속 견지하기를 원치 않으셨다. 이 말을 잘 이해해야 한다. 그리스도는 자신이 하나님의 본체로서 하나님과 동등된 위치를 차지할 만한 충분한 권리가 있지만 사람을 위해서 내가 잠깐 희생한다고 생각한 것이 아니다. 사도 바울의 말의 의도는 그런 뜻이 아니다. 그리스도는 자신이 하나님의 본체 곧 신성 그 자체이시면서도 그 자리를 견지할 만하다고 생각지 않으셨다는 것이다. 그것은 그리스도의 마음의 신비한 겸손이다. 타락한 우리 인간은 그리스도의 이 신비한 겸손을 다 헤아릴 수 없다. 그것은 우리의 마음이 이해하기에는 너무나 신기하고 이상한 일이다. 자기를 비워 종의 형체를 가지고 죽기까지 복종하시면서 그것에 대해서 불평이나 불만을 품은 것이 아니라 자발적인 마음으로 기꺼이 그 일을 당하셨던 것이다. 어떻게 이런 일이 있을 수 있을까? 그리스도는 쇼를 한 것이 아니고, 마지못해 한 것이 아니며, 스스로 희생한다는 순교자 콤플렉스를 가지지도 않으셨다. 신으로 당할 수 없는 모든 수모를 당하시면서 그 모든 일들에 대해서 불평이 없으셨다. 다시 말하면 나는 이런 일을 당할 만한 정도의 존재가 아닌데 내가 어쩔 수 없이 당한다고 생각한 것이 아니다. 스스로 그런 일을 당하기로 작정하시고 불평이 없이 그 일을 당하신 것이다. 이것이 그리스도의 신비한 겸손이다. 그래서 그리스도는 '나는 겸손하다'고 말씀하셨다. 이것은 과장이 아니고 신성한 진실이다.

겸손한 자를 향한 하나님의 마음

이런 그리스도를 향해서 하나님은 어떤 마음을 가지셨는가를 아는 것이 중요하다. 겸손하다는 것이 어떤 결과를 초래하는지를 알 수 있기 때문이다. 역대하 16장 9절 상반절에 보면 이런 구절이 나온다. "여호와의 눈은 온 땅을 두루 감찰하사 전심으로 자기에게 향하는 자를 위하여 능력을 베푸시나니." 이 은유는 흥미롭다. 그 마음을 오로지 하나님께 향하는 자가 너무나 희귀하기 때문에 하나님의 눈은 온 땅을 감찰하시는 것이다. 그러다가 그런 자를 찾으시면 너무나 기뻐서 그를 위하여 신성한 능력을 베푸신다고 했다. 그러면 그렇게 전심으로 하나님을 향하는 자는 어떤 자인가? 자기를 의지하지 않는 자이다. 그는 자기가 스스로 능력이 있어 혼자 힘으로 설 수 있다고 생각지 않는다. 그러니 눈을 들어 여호와를 바라되 온 마음을 다하여 여호와를 바라는 것이다. 그런 사람은 하나님의 능력의 그릇이 될 만한 사람이다. 하나님은 그런 사람을 위해서 능력을 베푸시는 것이다.

그리스도를 보는 성부의 마음이 바로 그러하다. 그리스도는 성부의 영원한 아들로서 성부로부터 영원히 출생하시면서 그 마음이 완전한 겸손 가운데 있다. 그래서 성부가 신성의 능력과 충만을 완전하게 아들과 나누시지만 아들은 스스로 서려 하지 않는다. 그리고 성부와 동등한 자리는 자기가 취할 만하지 않다고 생각한다. 이 사실이 성부를 무한히 기쁘게 하는 것이고, 그로 인해서 성부는 성자와 신성의 모든 충만을 나누신다. 그런데 이런 관계와 이런 사실은 그리스도가 인간의 몸을 입고 세상에 계신 동안에도 전혀 변화가 없었다.

여호와의 종의 모습

이사야는 자기를 비우고 종의 모습으로 세상에 임한 그리스도를 이렇게 그리고 있다. "내가 붙드는 나의 종 내 마음에 기뻐하는 나의 택한 사람을 보라 내가 나의 신을 그에게 주었은즉 그가 이방에 공의를 베풀리라 그는 외치지 아니하며 목소리를 높이지 아니하며 그 소리로 거리에 들리게 아니하며" 사 42:1-2. 여기 그리스도에 대한 하나님의 마음은 '내 마음에 기뻐하는 나의 택한 사람'이라는 말에 잘 나타나 있다. 그리스도를 보는 하나님의 마음은 기쁨으로 가득하다. 그래서 하나님은 그 종을 붙들어 주고 그 종을 기뻐하며 그 종을 택한 것이다. 그리고 그에게 하나님의 신을 주어 이방에 공의를 베풀게 할 것이다. 그런데 그는 고함을 지르거나 언성을 높이지 않는다. 그리고 그 소리가 밖으로 새어나갈 정도로 떠들썩하지 않다. 이 말을 요약하면 그는 겸손하고 온유한 사람이다. 겸손과 온유가 그의 조용한 성품, 남에게 자기를 과시하지 않는 성품, 하나님이 자기에게 맡겨 주신 일에만 오로지 집중하여 수행하는 자세에서 드러난다. 이것이 진정한 여호와의 종의 이상적인 모습이다. 가장 본질적이고 핵심적인 요소이다. 여호와의 종이 되는 사람은 이런 도덕적 성격을 소유하게 된다. 역으로 이런 도덕적 성격을 가지지 않은 사람은 여호와의 종이 될 수 없다. 소리를 높이고 자기를 내세우는 사람은 여호와의 종의 자질이 결여되어 있다. 그는 여호와께서 마음으로 기뻐하는 사람이 아니다. 그런 사람에게 여호와께서는 그 신을 부어 주어 자신의 일을 행하게 하지 않으신다. 이 구절은 여호와의 종의 특성과 그 본질을 가장 핵심적으로 보여 주고 있다.

여호와의 종이 세상에 존재할 때에 어떤 모습으로 존재하는가?

역시 이사야가 그 모습을 잘 그려 놓았다. "그는 주 앞에서 자라나기를 연한 순 같고 마른 땅에서 나온 줄기 같아서 고운 모양도 없고 풍채도 없은즉 우리의 보기에 흠모할 만한 아름다운 것이 없도다" 사 53:2. 그는 보기에 연한 순 같다고 했다. 부드럽고 연약할지언정 억세지 않다. 그리고 마른 땅에서 나온 줄기 같다. 마른 땅에 나온 줄기라면 아마 그렇게 무성하지도 화려하지도 않을 것이다. 척박한 땅에서 어렵게 생명을 부지하고 나온 줄기 같을 것이다. 거기에는 고운 모양도 없고 풍채도 없다. 고운 모양과 풍채는 물이 풍부하고 모든 것이 풍족한 토양에서 잘 가꾸어진 꽃에나 있는 법이다. 막 돋아나는 연한 순이나 마른 땅에서 나는 줄기는 화려하지도 기름지지도 강인하지도 않다. 그래서 사람이 보기에 흠모할 만한 아름다운 것이 없게 마련이다.

이것이 여호와의 종이 세상에 존재하는 방식이다. 그는 하나님의 기뻐하심을 듬뿍 받는 사람이다. 하나님의 마음이 그로 인해서 기뻐하신다. 하나님은 그를 붙드시고 그에게 신을 부어 주시며 공의를 전파하게 하신다. 그러면 그 종은 조용하고 자기를 내세우지 않으며 자기에게 주어진 일을 충성스럽게 수행할 뿐이다. 이런 모습은 사람들의 눈길을 잡아끌지 못한다. 고운 모양도 없고 풍채도 없다. 그래서 사람들로부터 흠모함을 받지 못한다. 이것이 여호와의 종의 모습이다.

여호와의 종 그리스도

그리스도가 자신을 가리켜서 '나는 마음이 온유하고 겸손하다'고 하셨을 때에 그는 자신을 이사야서에 예언된 그 여호와의 종이라고 말씀하신 것이다. 그는 외치지 아니하며, 목소리를 높이지 아니하며, 그 소리로 거리에 들리게 하지 않으셨다. 그는 연한 순 같고 마른 땅에서 나온 줄기 같았다. 고운 모양도 없고 풍채도 없어서 사람들이 흠모할 만한 아름다운 것이 없었다. 그러니까 지혜롭고 슬기 있는 자들은 그를 받아들이지 않은 것이다. 도리어 어린아이 같은 사람들, 곧 순진하고 겸손한 사람들만이 그를 받아들였다. 그들은 그리스도를 가까이 느낄 수 있었고, 자기들이 그리스도에게 가까이 갈 만하다고 느낀 것이다. 즉 그들은 그 정신spirit이 그리스도와 같았다. 그래서 그들은 그리스도에게 나아오고 그리스도를 맞이한 것이다. 이제 우리는 사태의 진상을 확연히 알게 된다. 그리스도께서 그런 모양으로 오신 이유는 바로 겸손한 자들만이 주님께 올 수 있게 하기 위함이었다. 주님께서 '옳소이다 이렇게 된 것이 아버지의 뜻이니이다' 하신 말씀이 그것이다. 그리스도가 그런 모양으로 오신 것은 바로 지혜롭고 슬기 있는 자들이 자신에게로 올 수 없게 하려는 것이다. 여호와의 종의 수수하고 겸손한 모습 자체가 지혜롭고 슬기 있는 자들에게는 이미 심판이다. 아들은 그런 자들에게 하나님의 계시가 드러나기를 원치 않으신다. 그것은 아들의 소원이 아니다. 도리어 아들의 소원은 어린아이들에게서 드러난다. 그러므로 여호와의 종은 그런 모습으로 와야 한다.

그런데 여호와의 종이 그런 모습으로 오는 것이 눈가림이나 쇼가 아니려면 여호와의 종은 그런 겸손의 덕성을 가진 인물이어야 한다. 만약 여호와의 종이 자기 자신에 대해서 높은 평가를 가지고 있으며, 자기는 저 하늘에서 성부와 동등한 위치를 누려야 하는 존재라고 생각했다면 과연 그가 여호와의 종의 역할을 수행할 수 있겠는가? 또한 그런 생각을 가지고 와서 여호와의 종이 된다면 그가 이 땅에 어떤 모습으로 와야 하겠는가? 그는 화려하고 장엄한 모습으로 와야 했을 것이다. 그런 모습으로 와서 세상의 힘 있는 자, 높은 자, 부자, 마음이 부유한 자들을 가까이하고 그들에게 환영받아야 했을 것이다. 마음 속으로는 그런 심정을 가지고 있으면서도 겉으로는 연한 순 같고 마른 땅에서 자란 줄기처럼 고운 모양도 풍채도 없고 흠모할 만한 아름다운 것이 없는 모양으로 온다면 그것은 눈가림과 쇼에 불과할 것이다. 이런 연고로 그리스도는 인격 자체가 겸손으로 특징지워져야 한다. 이것이 중요한 이유는 인류의 구원과 직결된 문제인 까닭이다. 만약 성삼위의 제이위인 성자가 이렇게 겸손한 분이 아니라면 누가 종의 모습으로 낮아져서 죽기까지 복종하며 인간 구원을 위한 대업을 이룰 수 있었겠는가? 인간의 구원은 성자의 이 신비한 겸손의 결과인 것이다.

그리스도는 온유하고 겸손한 분이다. 그는 인성을 입었을 때만, 혹은 인성을 입으면서 온유하고 겸손한 분이 된 것이 아니라 성삼위의 제이위의 하나님이시면서 겸손한 분이시다. 그는 겸손한 하나님이신 것이다. 인간의 제한된 지적 능력으로 상상할 수도 없고 다 이해할 수도 없는 이 사실을 사도 바울은 신성한 계시를 통해서 알게 되었다. 그리고 그것을 우리에게 알려 준 것이다. 동시에 그 모든 것은 하나님의 계시였다. 하나님이 주님의 공생애와 사도 바울의 깨달음을 통해서 그리스도의 겸손, 곧 성자의 겸손을 알려 주신 것이다.

사도 바울의 경우

사도 바울은 이 사실을 잘 알고 있었을 뿐만 아니라 그의 생애동안 그 원칙을 따라 살려고 노력했다. 물론 하나님은 사도 바울의 생애를 통해서 내내 그것을 가르쳐 주시고 끊임없이 상기시켜 주셨다. 그것을 한 번 가르쳐 주시는 것으로는 부족했다. 사도는 항상 그것을 상기하면서 살아야 했다. 그래서 하나님은 사도 바울의 몸에 사탄의 사자를 허락하셨다. 그것을 통해서 사도는 무엇을 배우고 깨달았는가? "내게 이르시기를 내 은혜가 네게 족하도다 이는 내 능력이 약한 데서 온전하여짐이라 하신지라 이러므로 도리어 크게 기뻐함으로 나의 여러 약한 것들에 대하여 자랑하리니 이는 그리스도의 능력으로 내게 머물게 하려 함이라 그러므로 내가 그리스도를 위하여 약한 것들과 능욕과 궁핍과 핍박과 곤란을 기뻐하노니 이는 내가 약할 그 때에 곧 강함이니라" 고후 12:9-10. 이것은 모든 그리스도인들이 명심해야 하는 만고불변의 진리이다. 여기에 나타난 진리는 여호와의 종에게서 드러나는 원리와 다르지 않다. 그리스도가 이 세상에 계실 때에 고운 모양도, 풍채도, 흠모할 만한 아름다운 것이 없었다.

이는 그리스도 자신이 겸손하신 분이요 또한 이 세상에서 겸손한 사람들만이 자신을 알아보고 올 수 있게 하기 위함이었다. 바로 여기에 하나님의 능력이 있다. 하나님의 기뻐하심과 하나님의 신이 함께 하여 그리스도를 그렇게 만드셨다. 하나님의 능력은 바로 그 안에서 역사하며 겸손한 자를 구원하신다. 이것이 그리스도의 충성된 종이었던 사도 바울에게서도 드러났다. 그의 몸에 머무는 사탄의 사자, 그로 인해서 그가 받는 비웃음과 고통, 사람들의 무시가 있어야 했다. 그것이 있어서 그가 받은 심히 큰 계시로 인해서 교만해지지 않을 수 있었다. 그리고 지혜롭고 슬기 있는 자는 사도 바울을 배척하겠지만 어린아이 곧 겸손한 사람은 사도 바울을 환영할 것이다. 이와 유사한 일이 갈라디아 교회에서도 있었다. "내가 처음에 육체의 약함을 인하여 너희에게 복음을 전한 것을 너희가 아는 바라 너희를 시험하는 것이 내 육체에 있으되 이것을 너희가 업신여기지도 아니하며 버리지도 아니하고 오직 나를 하나님의 천사와 같이 또는 그리스도 예수와 같이 영접하였도다" 갈 4:13-14. 사도 바울이 갈라디아 교회에 가서 복음을 전하게 된 계기가 '육체의 약함'이라는 말의 의미를 정확하게 알기 어려우나, 한 가지 분명한 것은 그가 갈라디아에서 복음을 전할 때에 사람들이 매우 혐오할 만한 어떤 병이 그의 몸에 있었다는 것이다. '너희를 시험하는 것이 내 육체에 있으되'라는 말 속에 암시되어 있다. 그럼에도 불구하고 갈라디아 사람들은 사도 바울을 하나님의 천사와 같이 혹은 그리스도 예수와 같이 영접했다. 이런 일은 눈이 높아서 교만한 사람들 혹은 세상의 영광이 가장 중요한 사람들에게서는 기대할 수 없다. 도리어 마음이 겸손한 사람만이 그런 상태에 있는 사람을 영접할 수 있다. 그렇게 해서 겸손한 사람은 구원을 받는 것이다.

동일한 이유로 보배는 질그릇에 들어 있어야 했고 고후 4:7, 사도 바울은 죽음에 넘겨져야 했으며 고후 4:11, "수고를 넘치도록 하고 옥에 갇히기도 더 많이 하고 매도 수없이 맞고 여러 번 죽을 뻔하였으니 유대인들에게 사십에 하나 감한 매를 다섯 번 맞았으며 세 번 태장으로 맞고 한 번 돌로 맞고 세 번 파선하는데 일 주야를 깊음에서 지냈으며 여러 번 여행에 강의 위험과 강도의 위험과 동족의 위험과 이방인의 위험과 시내의 위험과 광야의 위험과 바다의 위험과 거짓 형제 중의 위험을 당하고 또 수고하며 애쓰고 여러 번 자지 못하고 주리며 목마르고 여러 번 굶고 춥고 헐벗어야" 했다 고후 11:23하-27. 이렇게 되어 그는 자기의 주인인 그리스도처럼 연한 순 같고 마른 땅에서 자란 줄기 같아져야 했다. 그리고 고운 모양도 풍채도 흠모할 만한 아름다운 것이 그에게서 없어져야 했다. 또한 그의 주인에게서 그러했던 것처럼 지혜롭고 슬기 있는 자들은 그를 떠나고 어린아이들만이 그에게 올 수 있게 되어야 했다. 그렇게 되어야 하는 궁극적인 이유는 분명하다.

"천지의 주재이신 아버지여 이것을 지혜롭고 슬기 있는 자들에게는 숨기시고 어린아이들에게는 나타내심을 감사하나이다 옳소이다 이렇게 된 것이 아버지의 뜻이니이다 내 아버지께서 모든 것을 내게 주셨으니 아버지 외에는 아들을 아는 자가 없고 아들과 또 아들의 소원대로 계시를 받는 자 외에는 아버지를 아는 자가 없느니라" 마11:25-27; 눅10:21-22.

겸손에 대한 사람들의 이중적 태도

겸손이란 단어의 뜻

비천한 자를 높이시는 하나님

주의할 점

사회적 약자에게서 찾는 겸손의 특징

겸손은 자기 위치에 대한 자각에서 시작됨

죄에 빠진 사람의 상태를 아는 유익

겸손한 상태의 한 예

겸손에 따라오는 복

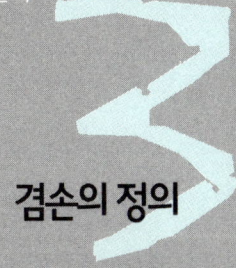

겸손의 정의

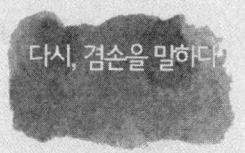
다시, 겸손을 말하다

3 겸손의 정의

⁴⁶마리아가 가로되 내 영혼이 주를 찬양하며 ⁴⁷내 마음이 하나님 내 구주를 기뻐하였음은 ⁴⁸그 계집종의 비천함을 돌아보셨음이라 보라 이제 후로는 만세에 나를 복이 있다 일컬으리로다 ⁴⁹능하신 이가 큰 일을 내게 행하셨으니 그 이름이 거룩하시며 ⁵⁰긍휼하심이 두려워하는 자에게 대대로 이르는도다 ⁵¹그의 팔로 힘을 보이사 마음의 생각이 교만한 자들을 흩으셨고 ⁵²권세 있는 자를 그 위에서 내리치셨으며 비천한 자를 높이셨고 ⁵³주리는 자를 좋은 것으로 배불리셨으며 부자를 공수로 보내셨도다 ⁵⁴그 종 이스라엘을 도우사 긍휼히 여기시고 기억하시되 ⁵⁵우리 조상에게 말씀하신 것과 같이 아브라함과 및 그 자손에게 영원히 하시리로다 하니라 눅 1:46-55.

겸손에 대한 사람들의 이중적 태도

우리는 앞의 두 장에서 그리스도의 겸손에 대해서 보았다. 그리스도의 겸손은 신비하고 신성한 겸손이었다. 그것은 하나님의 겸손이라고 할 만한 것이다. 사도 바울은 모든 하나님의 백성에게 그런 그리스도의 겸손을 배우라고 권한다. '너희 안에 이 마음을 품으라 곧 그리스도 예수의 마음이니.' 그리스도의 마음의 구조, 그리스도의 마음이 움직이는 방식, 곧 겸손하게 생각하는 마음의 방식을 자신의 마음의 구조로 하라는 뜻이다.

이러한 그리스도의 겸손을 명상할 때에 우리가 부딪히는 딜레마는 두 가지이다. 첫째, 그 겸손의 깊이와 넓이를 충분히 인식하지 못한다는 것이다. 그리스도의 겸손은 신성한 겸손이므로 피조물인 인간은 영원히 그 깊은 것을 다 알지 못하기 때문이다. 이것은 하나님은 영원히 무한한 창조주이시고 사람은 영원히 유한한 피조물이라는 사실 때문이기도 하다. 사람이 구원 받아 영원한 나라에서 산다고 하더라도 사람이 하나님이 되는 것은 아니다. 도리어 그 영원한 나라에서 사람 자신은 사람이고 하나님은 하나님이신 사실을 더욱 뚜렷이 깨달을 것이다. 그러므로 성삼위의 제이위이신 성자의 겸손을 완전히 이해한다는 것은 아마 우리에게 영원히 불가능한 일일 것이다. 둘째는 그 겸손을 막상 실천하려 할 때에 그것이 불가능에 가까운 일임을 깨닫는다는 점이다. 우리가 겸손을 이해하고 실행하기가 어려운 것은 우리의 심성이 뿌리에서부터 부패했기 때문이다. 이 말은 우리의 자연스러운 경향과 기호가 겸손과는 반대로 나간다는 것이다. 교만은 우리에게 너무나 익숙하여 그것이 무엇이라고 설명할 필요가 없다. 우리가 늘 하고 사는 것이 그것인 까닭이다. 그러나 겸손에 대해서 이야기를 듣다 보면 정말로 우리에게는 낯선 것임을 느끼게 된다. 우리가 사는 세상과 우리 자신의 자연스러운 상태는 교만이지 겸손이 아니다. 그런 까닭에 앞 장에서 본 것처럼 겸손이 이 세상에서 드러나는 모습은 사람들이 환영하고 사모할 만한 것이 아니라 도리어 피하고 싶은 것이다. 앞 장에서 살펴본 여호와의 종의 모습과 사도 바울의 생애에서도 그것이 극명하게 드러났다. 사람들은 사도 바울 같은 위대한 신자는 되고 싶어 하지만 겸손과 고난의 삶은 원치 않는다. 성경이 가르치는 겸손에 대해서 살펴볼수록 겸손은 우리가 흠모할 만하지 않고 우리가 그것을 절대로 좋아하지 않으리라는 것이 분명하게 드러난다. 사람들은 겸손이라는 덕성은 흠모하지만 겸손하게 되는 것 자체는 별로 좋아하지 않는 이중성을 드러낸다. 이는 실제로 겸손하게 되는 것이 그렇게 유쾌한 일이 아니기 때문이다. 이제 이 장에서는 성경이 일반적으로 겸손에 대해서 가르치는 바를 살펴보기로 한다.

> 바울 같은 위대한 신자는 되고 싶지만 겸손과 고난의 삶은 싫다

겸손이란 단어의 뜻

구약에서 겸손과 관련된 단어들, 아나브(ענו), 아니(עני), 아나와(ענוה), 에누트(ענות) 등의 단어들은 전부 고난, 가난, 허약, 수치, 낮아짐 등의 의미를 가진 단어들이다. 또한 이 단어들은 '온유하다'는 의미를 함께

가지고 있다. 그래서 구약에서는 이 동일한 단어들을 겸손하다고 번역할 수도 있고 온유하다고 번역할 수도 있다. 이것은 신약 성경에서도 마찬가지이다. 신약 성경의 몇몇 곳에서 겸손과 온유가 하나의 짝으로 등장한다.마 11:29; 엡 4:2; 골 3:12.

신약 성경에서 겸손을 나타내는 형용사 '타페이노스' ταπεινός는 사회적으로 낮은 지위에 있는 사람들, 그래서 자기 힘으로 서기가 힘든 사람들을 가리키는 말이다. 혹은 심리적으로는 슬픔 때문에 마음이 풀이 죽은 상태를 가리킨다. 주님이 마태복음 11:29에서 '나는 마음이 온유하고 겸손하니'라고 말씀하실 때에 이 표현을 사용하셨다. '마음이 온유하고 겸손하니'라고 말씀하심으로써 온유와 겸손을 거의 같은 의미로 사용하셨다. 우리가 앞에서 보았지만, 주님의 이 말씀은 이사야 42:1-3의 여호와의 종에 대한 묘사를 상기시킨다. "내가 붙드는 나의 종, 내 마음에 기뻐하는 나의 택한 사람을 보라 내가 나의 신을 그에게 주었은즉 그가 이방에 공의를 베풀리라 그는 외치지 아니하며 목소리를 높이지 아니하며 그 소리로 거리에 들리게 아니하며 상한 갈대를 꺾지 아니하며 꺼져가는 등불을 끄지 아니하고 진리로 공의를 베풀 것이며." 또한 이사야는 53:1-2에서는 그 모습을 이렇게 묘사했다. "우리의 전한 것을 누가 믿었느뇨 여호와의 팔이 뉘게 나타났느뇨 그는 주 앞에서 자라나기를 연한 순 같고 마른 땅에서 나온 줄기 같아서 고운 모양도 없고 풍채도 없은즉 우리의 보기에 흠모할 만한 아름다운 것이 없도다."

주님의 겸손을 현저히 가르치는 구절은 스가랴 9:9이다. "시온의 딸아 크게 기뻐할지어다 예루살렘의 딸아 즐거이 부를지어다 보라 네 왕이 네게 임하나니 그는 공의로우며 구원을 베풀며 겸손하여서 나귀를 타나니 나귀의 작은 것 곧 나귀 새끼니라." 복음서는 주님의 마지막 예루살렘 입성 시에 나귀를 타신 사실을 기록하면서 스가랴의 이 예언이 거기서 임했다고 했다. 당시 주님의 예루살렘 입성은 주님이 이스라엘의 참된 왕이심을 상징적으로 나타내는 행동이었다. 그렇다면 왕의 행차는 그에 합당한 화려한 위엄과 거창한 행진이 수반되어야 했을 것이다. 그러나 주님은 큰 말을 타지 않고 오히려 나귀를 타셨다. 나귀는 작아서 허드렛일을 하기에 적합한 동물이지 왕의 행차에는 결코 어울리지 않는 짐승이다. 그런데도 주님은 말 타기를 거절하시고 나귀를 타셨다. 왜 주님은 나귀를 타셨을까? '말을 타는 것이 내게는 합당하지만 내가 사람들 앞에 겸손을 보여야 하겠다'는 고려 하에서 타고 싶은 말을 포기하고 나귀를 타셨을까? 그렇다면 주님의 겸손은 꾸민 겸손이 되었을 것이다. 결코 그렇지 않았다. 주님은 나귀를 타고 입성하는 것이 마음에 자연스럽고 만족스러워서 그렇게 하신 것이다. 그래서 스가랴는 그가 '겸손하여서 나귀를 타나니' 라고 말했다. 그리스도는 겸손을 가장하거나 겸손의 모범을 보이기 위해서 나귀를 타신 것이 아니라 자신이 겸손하신 까닭에 나귀를 타신 것이다. 이와 관련하여 신약에서 겸손하다는 의미로 주로 사용되는 '타페이노프론' $ταπεινόφρων$이라는 단어는 자신에 대해서 수수한 의견 혹은 낮은 평가를 가지고 있다는 말이다. 나쁜 의미로는 생각하는 바가 비천하다고 할 때에도 이 단어가 사용된다.

어쨌든 '타페이노스'라는 이 단어는 어떤 형태로든 '낮다'라는 의미이다. 동사인 '타페이노' ταπεινόω는 '낮은 자리, 비천한 자리를 준다, 낮춘다'는 의미를 가진 동사이다. 주인이 자기 종에게 천한 일을 하는 낮은 자리를 주면, 그렇게 하는 것을 가리켜서 '타페이노'라고 한다. 오늘날 말로 하면 아마 '좌천시킨다'는 정도가 될 것이다.

주님이 나귀를 타고 입성하신 것은 스가랴의 예언을 성취하시려는 것임이 분명하다. 하지만 한편으로는 주님의 마음이 나귀로 만족하신다는 뜻이 거기에 암시되어 있다. "그는 겸손하여 나귀 곧 멍에 매는 짐승의 새끼를 탔도다"라는 마태복음의 기록이 그것을 보여 준다 마 21:5. 주님의 마음은 말을 타고 거창하게 행진하는 것을 원하지 않는다. 주님의 마음의 성향 혹은 마음 씀씀이가 그런 거창한 것을 원하지 않으신다는 뜻이다. 그래서 주님은 나귀를 타셨다. 그 사실은 주님의 마음 즉 마음의 겸손을 있는 그대로 보여 준다.

주님의 이런 행차의 모습은 로마 가톨릭에서 흔히 보이는 거창하고 장엄한 행차와는 사뭇 다르다. 그들의 화려한 의상, 외관, 많은 사람들을 대동하고 긴 행렬을 지어 움직이는 고위 사제들의 모습은 차라리 세상 임금의 모습에 가까울지언정 주님의 모습과는 거리가 멀다. 그에 비하면 교회에서 모든 장식을 제거하고, 설교단은 사람들이 잘 보이는 곳에 질박하게 준비하며, 궁핍한 생활과 연약 속에서 힘에 지나는 노력을 하다가 일찍 운명한 종교개혁자들의 모습이 훨씬 주님의 모습에 가깝다. 오늘날 일부 기독교 지도자들이 그런 길을 따르려 하지 않는 것을 보면, 주님의 겸손을 본받고 사도 바울과 같은 생활에 들어간다는 것이 여간 어려운 일이 아님을 다시금 느끼게 한다. 우리는 거의 본능적으로 거창하고 크고 화려한 것을 좋아한다. 자신은 지금보다 더 부유해져야 하고 더 높은 곳에 있어야 한다고 생각하는 불치병에 걸린 존재들이다.

비천한 자를 높이시는 하나님

타페이노스라는 단어는 이른바 마리아의 송영Magnificat에 등장한다. 누가복음 1:46-55에 기록된 마리아의 노래가 그것이다. 이 노래는 마리아가 그녀의 사촌 엘리사벳을 만나러 가서 석 달쯤 함께 있을 때에 부른 노래로 기록되어 있다. 당시 엘리사벳은 세례 요한을 임신하고 있었고, 마리아는 예수님을 임신하고 있었다. 그 때 태 속에 있던 세례 요한이 마리아가 가까이 오는 것을 알고 엘리사벳의 태 안에서 뛰놀았다. 엘리사벳으로부터 그 사실을 전해 듣고 마리아가 부른 노래를 보통 마리아의 송영이라고 한다. 거기 51-53절에 이런 표현이 있다. "그의 팔로 힘을 보이사 마음의 생각이 교만한 자들을 흩으셨고 권세 있는 자를 그 위에서 내리치셨으며 비천한 자를 높이셨고 주리는 자를 좋은 것으로 배불리셨으며 부자를 공수로 보내셨도다." 여기 비천한 자가 '타페이노스' 곧 겸손한 자이다. 여기에 표현된 사상, 곧 하나님은 교만한 자, 권세 있는 자를 내리치고 부자를 공수로 보내시지만, 비천한 자는 높이시고 주리는 자에게는 좋은 것으로 주신다는 사상은 구약의 일관된 사상이다.

이것은 사도 바울의 사상에도 나타난다. 사도는 고린도후서 7:6에서 이렇게 말한다. "그러나 비천한 자들을 위로하시는 하나님이 디도의 옴으로 우리를 위로하셨으니." 사도의 이 말은 구약의 전통을 배경으로 하고 있다. 바로 마리아의 노래에 표현된 사상이다.

주의할 점

그러나 이런 낮은 위치에 대해서 한 면만 보아서는 안 된다. 예를 들어 잠언에서 볼 수 있는 것처럼 가난은 게으름의 열매이다 잠 6:6-11. 그러므로 가난한 것 자체는 겸손도 아니고 덕성도 아니다. 도리어 그것은 수치요 연약일 경우가 있다. 또한 부와 권세가 그 자체로 교만이나 악은 아니다. 잠언 3장 16절은 지혜가 주는 이익에 대해서 말하기를 "그 우편 손에는 장수가 있고 그 좌편 손에는 부귀가 있나니 그 길은 즐거운 길이요 그 첩경은 다 평강이니라"고 했고, 잠언 12장 27절은 "게으른 자는 그 잡을 것도 사냥하지 아니하나니 사람의 부귀는 부지런한 것이니라"고 했다. 이와 같이 성경은 가난을 그 자체로 좋은 것으로 말하지도 않고, 부귀를 그 자체로 악한 것이라고 가르치지도 않는다.

따라서 가난하거나 병든 사람이 자기는 가난하고 병들어 있으므로 겸손하다고 오해하지 말아야 한다. 또한 부귀나 권세를 가진 사람이 그 자체로서 교만한 것도 아니다. 어떤 사람이 교만한가 겸손한가 하는 것을 그 사람의 처지로 평가하는 것은 부당하다는 것이다. 사람은 아주 가난하면서도 얼마든지 교만할 수 있고, 부자이면서도 겸손할 수 있다. 예를 들어 가난하게 사는 사람이 자기의 가난은 청빈이요 다른 사람들은 다 게을러서 가난하다고 한다거나 부자는 다 도둑질해서 부자가 되었다고 생각한다면 그 사람은 아무리 가난해도 교만한 사람이다. 그러나 부자라고 하더라도 자기가 잘나서 부자가 된 것이 아니라 하나님께서 자기에게 재물 얻을 능력을 주셔서 그렇다고 생각하면서 그 부를 하나님 나라를 위해서, 또한 가난한 자들을 위해서 사용하고 있다면(사용하겠다고 결심하고 계획 세우고 노래 부르면서 아무 것도 않는 것이 아니라) 그 부자는 겸손한 부자이다. 구약의 신명기 8:17-18에 보면 이스라엘이 부유하게 되었을 때에 주의하라는 경고가 나온다. "또 두렵건대 네가 마음에 이르기를 내 능과 내 손의 힘으로 내가 이 재물을 얻었다 할까 하노라 네 하나님 여호와를 기억하라 그가 네게 재물 얻을 능을 주셨음이라 이같이 하심은 네 열조에게 맹세하신 언약을 오늘과 같이 이루려 하심이니라." 그러므로 사람은 자기의 부에 대해서 자기 것이라고 생각지 말아야 한다. 자기 부를 자기 것이라고 생각지 않으면 그 부자는 겸손한 부자이다.

가난한 자는 곧 겸손한 자요, 부자는 곧 교만한 자라는 등식은 성립하지 않는다. 이 점을 주의해야 한다.

사회적 약자에게서 찾는 겸손의 특징

그렇다면 왜 성경은 가난이나 질병에 걸린 상태 혹은 사회적으로 낮은 위치에 있는 상태를 겸손한 상태로 묘사하는가? 그것은 가난이나 질병 혹은 사회적 약자의 모습에 겸손과 유사한 점이 있는 까닭이다. 가난과 질병 혹은 사회적 약자의 위치에 있는 사람들은 약한 사람들이다. 그들은 대개 다른 사람의 도움이 아니면 스스로 설 수 없는 처지에 있다. 또 제대로 먹지 못하는 사람은 육신에 힘이 없어서 늘 허약한 상태에 있다. 질병으로 시달리는 사람 역시 육신의 아픔을 가지고 있으며 늘 허약하여 기를 펴지 못한다. 사회적으로 억눌린 사람도 마찬가지이다. 그들은 모두 육신적으로나 정신적으로 연약하여서 기를 펴지 못하는 상태에 있다. 그들은 자기의 목소리를 강하게 내지 못하고, 남의 눈치를 보며, 연약하다. 지금 성경에 사용된 겸손이라는 단어를 종합했을 때 우리가 형성할 수 있는 심상이 그런 것이다. 그것은 연약함, 의존, 온유함 등의 의미를 가진다. 병석에 누워 있는 병자나 다른 사람에게 동냥하는 거지가 어떻게 성질을 부리고 난폭할 수 있겠는가?

성경이 가르치는 겸손이 바로 이런 특성을 가지는 까닭에 사람들이 그것을 싫어하는 것은 당연하다. 누가 그렇게 되기를 좋아하겠는가? 사람은 누구나 높이 오르고 싶어하고 다른 사람의 존경을 받고 싶어하고 힘을 가지고 싶어한다. 그런데 성경은 도리어 가난하고 병들고 사회적으로 낮은 위치에 있는 사람들 속에서 겸손의 모습을 찾고 있다. 그러면서 그렇게 되어야 한다고 가르친다.

겸손은 자기 위치에 대한 자각에서 시작됨

그러나 우리가 다시 한 번 곰곰 생각하면 성경의 그 가르침이 진리인 것을 알 수 있다. 성경이 겸손을 가난과 질병과 낮은 지위에 처한 사람의 모습과 연관시키는 것은 그것이 사람의 참된 모습에 더 가까운 까닭이다. 인생의 참된 모습이 어떤 것인가? 가장 바른 대답은 성경이 제공한다. 야고보는 우리 생명에 대해서 "너희 생명이 무엇이뇨 너희는 잠깐 보이다 없어지는 안개니라"고 했다 약 4:14. 또한 하나님은 이사야에게 "모든 육체는 풀이요 그 모든 아름다움은 들의 꽃 같다"고 외치라고 명하셨다 사 40:6. 창세기 47:9에 보면 야곱이 애굽 왕 바로 앞에 서서 자신에 대해서 이렇게 말한다. "내 나그네 길의 세월이 일백삼십 년이니이다 나의 연세가 얼마 못되니 우리 조상의 나그네 길의 세월에 미치지 못하나 험악한 세월을 보내었나이다." 시편 90:10-12에서 모세가 무엇이라고 기도하는가? "우리의 연수가 칠십이요 강건하면 팔십이라도 그 연수의 자랑은 수고와 슬픔뿐이요 신속히 가니 우리가 날아가나이다 누가 주의 노의 능력을 알며 누가 주를 두려워하여야 할 대로 주의 진노를 알리이까 우리에게 우리 날 계수함을 가르치사 지혜의 마음을 얻게 하소서." 모세 같은 위대한 인물이 말년에 인생에 대해서 깨달은 것은 그것이다.

    그러나 우리 인생의 참모습을 보여 주는 압권은 무엇보다도 전도서이다. "다윗의 아들 예루살렘 왕 전도자의 말씀이라 전도자가 가로되 헛되고 헛되며 헛되고 헛되니 모든 것이 헛되도다 사람이 해 아래서 수고하는 모든 수고가 자기에게 무엇이 유익한고 한 세대는 가고 한 세대는 오되 땅은 영원히 있도다 해는 떴다가 지며 그 떴던 곳으로 빨리 돌아가고 바람은 남으로 불다가 북으로 돌이키며 이리 돌며 저리 돌아 불던 곳으로 돌아가고 모든 강물은 다 바다로 흐르되 바다를 채우지 못하며 어느 곳으로 흐르든지 그리로 연하여 흐르느니라 만물의 피곤함을 사람이 말로 다 할 수 없나니 눈은 보아도 족함이 없고 귀는 들어도 차지 아니하는도다 이미 있던 것이 후에 다시 있겠고 이미 한 일을 후에 다시 할지라 해 아래는 새 것이 없나니 무엇을 가리켜 이르기를 보라 이것이 새 것이라 할 것이 있으랴 우리 오래 전 세대에도 이미 있었느니라 이전 세대를 기억함이 없으니 장래 세대도 그 후 세대가 기억함이 없으리라" 전 1:1-11.

죄에 빠진 사람의 상태를 아는 유익

왜 사람이 이런 상태에 처하게 되었는가? 죄악에 빠진 까닭이다. 죄악에 빠진 모든 사람은 하나님 앞에서 비참하고 가난하고 병들고 연약하여 곧 죽을 수밖에 없는 처지에 있다. 죄악에 빠진 사람의 실상을 잘 보여 주는 것은 부유하고 건강하고 기가 살아서 펄펄 날뛰는 모습이 아니다. 그것은 인생의 참된 실상이 아니다. 도리어 병들고 가난하고 사회적으로 비천한 위치에 처한 사람의 모습이 죄인의 실상에 가깝다. 대체로 사람들은 그런 사람들을 무시하고 괄시하기 쉽지만 성경은 모든 사람의 처지가 하나님 앞에서 그렇다고 말한다. 그러므로 먼저 그 실상을 깨달아야 한다. 그것이 겸손의 시작이다. 그래서 전도서는 이렇게 말한다. "초상집에 가는 것이 잔칫집에 가는 것보다 나으니 모든 사람의 결국이 이와 같이 됨이라 산 자가 이것에 유심하리로다 슬픔이 웃음보다 나음은 얼굴에 근심함으로 마음이 좋게 됨이니라 지혜자의 마음은 초상집에 있으되 우매자의 마음은 연락하는 집에 있느니라" 전 7:2-4. 여기에서 "슬픔이 웃음보다 나음은 얼굴에 근심함으로 마음이 좋게 됨이니라"고 했는데, 그것은 인생에 대한 허상에서 깨어나 인생의 진실을 깨닫기 때문에 좋게 된다. 그렇지 않다면 그는 허깨비를 붙들고 살 것이다. 초상집에 가서 실상을 깨달으면 비로소 그는 허깨비가 아닌 실상을 붙들고 살 수 있게 될 것이다. 그것이 궁극적으로 사람에게 덕이 되는 것이다.

언젠가 한 사회학자가 핵가족 시대의 청년들이 인생을 점점 피상적으로 느끼게 되는 이유에 대해 논한 것을 들은 적이 있다. 과거 대가족 시대에는 자녀들이 할아버지 할머니와 함께 살았다. 그런 가정에서는 손자와 손녀들이 할아버지 할머니의 사랑을 듬뿍 받게 된다. 그러면서 아이들은 사랑과 따뜻함, 특히 삶의 경험이 풍부한 할아버지와 할머니의 지혜로운 사랑을 받는다. 그러다가 그들은 할아버지와 할머니의 죽음을 경험한다. 그것도 그들이 아주 감수성이 예민한 소년 소녀 혹은 사춘기 시대에 그 죽음을 경험하게 된다. 자기들을 그렇게 깊이 사랑하던 할아버지 할머니와의 사별은 사춘기 청소년들의 마음에 깊은 슬픔과 함께 삶의 진실에 대해서 눈뜨게 한다는 것이다. 그리고 자연스럽게 자기도 때가 되면 그렇게 되리라는 것을 깊이 인식하게 된다. 이 과정은 그들을 정신적으로 성장시키고 그들로 하여금 삶의 실상을 깨닫게 한다는 것이다. 그런데 오늘날 핵가족 시대의 자녀들은 그런 경험이 거의 없이 그들의 인생 경험과 삶의 철학이 형성된다. 부모를 여의는 것은 대개의 경우 그들이 성인이 된 이후이다. 물론 조부모와의 사별의 경험이 반드시 모든 사람에게 유익한 결과를 초래하지는 않을 것이다. 그러나 이 사회학자의 생각에는 귀담아들을 만한 요소가 있다.

이렇게 보았을 때 겸손이란 자기의 참된 모습을 깨닫는 데에서 출발한다. 인생이 무상함을 알고 자기는 유한한 존재임을 아는 것이다. 자기의 생명은 덧없는 것이고 가까운 미래에 자기는 반드시 죽을 것이며 자기의 존재는 결국 잊혀지리라는 것을 인식하는 것이다. 그것이 실상인 까닭이다. 그렇지 않고, 자기는 스스로 생명을 유지할 수 있으며 죽음은 다른 사람의 일이요 자기와는 무관한 것처럼 생각하고 사는 것은 지혜가 없고 삶의 실상을 모르는 것이며 그런 마음 상태에서 사람은 겸손에 도달하기 힘들다. 그런 상태는 성경이 겸손이라는 단어를 통해서 표현하는 것과 거리가 멀다. 앞으로 보겠지만 그런 모습은 성경이 교만이라고 말하는 상태이다.

겸손한 상태의 한 예

이런 겸손한 마음의 좋은 실례가 탕자의 비유에 잘 나타나있다[눅 15:11-32]. 그는 자기 아버지의 돌보심 아래에서 자신만만한 젊은이로 자랐다. 자기가 세상에 나아가면 못할 것이 없을 것 같았고 자기 앞에는 행복이 있을 것처럼 생각되었다. 그래서 그 청년은 아버지로부터 자신에게 올 유산을 미리 챙겨서 '세상아 기다려라 내가 간다' 고 자신만만하게 아버지 집을 떠났다. 그렇게 집을 떠났다가 그는 마침내 삶의 실상을 경험하게 되었다. 그리고 결국 그는 마음이 극히 낮아져서 "아버지여 내가 하늘과 아버지께 죄를 얻었사오니 지금부터는 아버지의 아들이라 일컬음을 감당치 못하겠나이다 나를 품꾼의 하나로 보소서 하리라"고 작정한다 눅 15:18. 그는 비천한 데에 떨어져 삶의 실상을 깨닫고 자신의 위치를 깨달은 것이다. 그는 그 위치에서 단순히 삶의 고생만을 경험한 것이 아니라 자신의 위치가 어떠하다는 깨달음에 도달한 것이다. 그는 하늘과 아버지께 죄를 범했으며 이제 자기는 아버지의 아들로서 가진 권리도 주장할 수 없는 존재라는 인식에 도달했다. 이것이 겸손에 도달한 사람의 모습이다.

겸손에 따라오는 복

이렇게 겸손한 사람에게는 큰 복이 임한다. 하나님이 그를 받으시고 그와 함께 하시는 까닭이다. 동시에 바로 이런 이유로 지혜로운 사람은 겸손한 사람을 두려워한다. 세상적으로 힘있는 자를 두려워하는 사람은 어리석은 사람이다. 그는 잠시 후면 사라질 힘없는 것을 두려워하는 까닭이다. 하지만 겸손한 자는 다르다. 그의 배후에는 하나님이 함께하시는 까닭이다. 그러므로 겸손한 자를 두려워하는 사람은 그의 배후에 있는 하나님을 볼 눈이 있는 사람이다. 겸손의 덕성에 수반되는 복과 능력이 어떤 것임을 아는 사람이라면 진정으로 두려워해야 할 자가 누구인지 아는 것이다. 사람은 혼자 서서 칼을 휘두르는 사람을 두려워할 필요가 없다. 그러나 하나님이 그 사람 손에 칼을 쥐어 주고, 하나님이 그 손을 잡고 칼을 휘두르게 한다면 그는 진정 두려워해야 하는 사람이다.

겸손한 자를 대적하는 위험

고라와 다단과 아비람과 온의 반역

모세를 부르심

모세가 이 부분을 상세히 기록한 의도

자기 삶에 대한 모세의 평가

겸손의 그림자와 실체

겸손한 사람

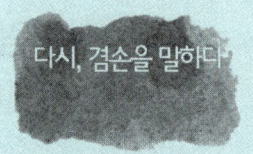
다시, 겸손을 말하다

4 겸손한 사람

⁷때에 선견자 하나니가 유다 왕 아사에게 나아와서 이르되 왕이 아람 왕을 의지하고 왕의 하나님 여호와를 의지하지 아니한 고로 아람 왕의 군대가 왕의 손에서 벗어났나이다 ⁸구스 사람과 룹 사람의 군대가 크지 아니하며 말과 병거가 심히 많지 아니하더이까 그러나 왕이 여호와를 의지한 고로 여호와께서 왕의 손에 붙이셨나이다 ⁹여호와의 눈은 온 땅을 두루 감찰하사 전심으로 자기에게 향하는 자를 위하여 능력을 베푸시나니 이 일은 왕이 망령되이 행하였은즉 이 후부터는 왕에게 전쟁이 있으리이다 하매 대하 16:7-9.

겸손한 자를 대적하는 위험

우리는 앞 장에서 사람이 정말로 두려워하고 존중해야 하는 사람은 세상에서 크고 자신만만한 사람이 아니라 스스로에 대해서 낮게 평가하는 겸손한 사람이라는 것을 보았다. 그 이유는 분명하다. 하나님이 그와 함께하시는 까닭이다. 결국 겸손한 사람을 대적하는 것은 하나님을 대적하는 것이나 마찬가지이다. 이 사실을 생생하게 보여 주는 실례가 모세의 생애에 나타난다. 민수기 12장과 16장의 두 사례를 살펴보기로 한다.

민수기 16장에 기록된 사건의 외적인 발단은 모세가 이방 여인인 구스 여자를 취한 것이었다. "모세가 구스 여자를 취하였더니 그 구스 여자를 취하였으므로 미리암과 아론이 모세를 비방하니라" 민 12:1. 하지만 실상은 미리암과 아론이 모세에 대해서 좋지 않은 감정을 품고 있다가 그 계기에 터져 나온 것이었다. "그들이 이르되 여호와께서 모세와만 말씀하셨느냐 우리와도 말씀하지 아니하셨느냐" 2절 상. 이런 일은 너무나 흔하게 발생한다. 교회 내의 많은 분란, 아니 거의 대부분의 분란들이 이런 이유로 발생한다. 마음 속에 품고 있던 악한 감정이 어떤 계기가 되면 터져 나오는 것이다. 여기서 문제는 미리암과 아론이 모세에게 질투심을 품은 것이다.

이 기록을 주의해서 보면 사건을 주도한 것은 미리암이었다. 1절에 보면 미리암의 이름이 먼저 등장하고, 뒤에 하나님의 진노를 받아 문둥병이 드는 것도 미리암뿐이다. 그러므로 미리암이 이 사건을 주도했고 아론은 그저 손위 누이를 따라갔던 것으로 보인다. 출애굽기 2:7-8에 보면 모세가 출생할 때에 미리암이 '그 소녀' (הַֽעַלְמָה 히브리어로 결혼 적령기의 여자를 부르는 말)라고 불린 것을 알 수 있다. 그렇다면 당시 미리암은 아마 12-13세 정도 되었을 것이다. 따라서 미리암은 모세보다 적어도 십이삼 세 이상 손위였다는 것을 알 수 있다. 그런데 아론은 모세보다 세 살 손위이므로 출7:7 미리암은 아론보다도 아홉 살 혹은 열 살 정도 손위였다. 그러므로 평소에 자기 손아래 동생인 모세가 사사건건 자기에게 지시하는 것같이 느꼈던 미리암이 마침내 모세에게 대항해서 한번 해 보아야겠다고 생각한 것이다. 2절 하반절의 '여호와께서 이 말을 들으셨더라' 는 기록은 사태의 심각성을 암시한다. 하나님이 그들의 말을 들으셨다는 것은 하나님이 그 사태에 대해서 관심을 가지셨다는 말이다. 따라서 하나님이 그 사태에 개입하실 것을 암시한다.

게다가 미리암이 주도하고 아론이 그 뒤를 따라서 모세를 대적한 이야기 다음에 "이 사람 모세는 온유함이 지면의 모든 사람보다 승하더라" 3절는 말이 나온다. 이 말의 의미는 바로 계속되는 그 다음 이야기의 전개에서 명확하게 드러난다. 이 말은 미리암과 아론이 한 일의 의미를 에둘러서 밝히는 것이다. 지금 미리암과 아론은 지상에서 가장 겸손한 사람, 마음이 가장 온유한 사람을 대적했다는 것이다. 말하자면 그들은 결코 하지 말았어야 하는 일을 한 것이다. 왜냐하면 그들의 행동이 결국 하나님을 대적한 결과가 되었기 때문이다. 그러므로 "여호와께서 이 말을 들으셨더라 이 사람 모세는 온유함이 지면의 모든 사람보다 승하더라"는 표현은 미리암과 아론, 특히 이 사태를 주도한 미리암에게 발생할 불길한 사건의 전개를 암시하고 있다.

계속되는 이야기를 보면 모세는 그들의 공격에 대해서 아무 말도 안 하고 가만히 있었던 것으로 되어 있다. 모세는 가만히 있었지만 하나님은 가만히 있지 않으셨다. "여호와께서 갑자기 모세와 아론과 미리암에게 이르시되 너희 삼인은 회막으로 나아오라" 4절. 아론과 미리암에게 예상치 못한 사태가 발생한 것이다. 그들은 하나님이 그 문제에 직접 개입하시리라고는 생각지 못했을 것이다. 그런데 하나님이 직접 나서신 것이다. 그렇게 부름을 받고 세 사람이 회막으로 나아가자 하나님이 구름 기둥 가운데로 강림하셔서 다시 두 사람 아론과 미리암을 부르신다. 그 일에 연루된 사람은 세 사람이지만 하나님의 판단을 받아야 하는 것은 그 두 사람이라는 뜻이다. 이제 모세를 위한 하나님의 조치가 시작된다. 천지의 대주재요 영원한 창조주요 지배자인 만유의 주, 만왕의 왕이신 여호와께서 모세가 당한 도전을 자신을 향한 도전으로 간주하고 모세를 위해서 썩 나서신 것이다. 하나님의 말씀은 분명하고도 확고하다. "내 말을 들으라 너희 중에 선지자가 있으면 나 여호와가 이상으로 나를 그에게 알리기도 하고 꿈으로 그와 말하기도 하거니와 내 종 모세와는 그렇지 아니하니 그는 나의 온 집에 충성됨이라 그와는 내가 대면하여 명백히 말하고 은밀한 말로 아니하며 그는 또 여호와의 형상을 보겠거늘 너희가 어찌하여 내 종 모세 비방하기를 두려워 아니하느냐" 6-8절.

지금 하나님은 그들이 지금까지 경험하고 안 사실을 근거로 말씀하신다. 즉 하나님이 모세와만 나누시는 특별하고 친밀한 교제의 사실이다. 다른 어떤 사람과도 나누지 않는 긴밀한 관계를 모세와는 나누셨다. 다른 선지자에게는 꿈이나 이상으로 말하고 비밀스러운 방식으로 혹은 수수께끼 같은 방식으로 자신을 알리셨다. 그러나 모세를 대할 때에는 그들과 달랐다. 모세와는 직접 대면하여 마주 앉아서 무슨 비밀스럽거나 수수께끼 같은 방식이 아닌 명백한 말로 사태를 있는 그대로 말씀하셨다. 그리고 모세는 여호와의 형상을 보는 인물이었다. 하나님이 모세와 교통하신 방법은 전무후무한 방식이었다. 아마 이렇게 하나님을 직접 대면하고 교통한 경우는

> 다른 사람과는 나누지 않는 긴밀한 관계를 모세와는 나누신 하나님

우리 주 예수 그리스도밖에 없었을 것이다. 그렇다면 그들은 모세가 보통 사람이 아니라는 것을 알았어야 했다. 그리고 모세에 대해서는 조심스럽게 대했어야 했다. 모세를 대할 때에는 모세를 보는 것이 아니라 그와 함께하시는 하나님을 보았어야 했고, 따라서 함부로 판단하거나 대적하지 말았어야 했다. 그런데 그들은 이 중요한 사실을 망각하고 모세에게 대적했다가 그만 하나님을 대적한 것이다.

이 중대한 실책에 대해서 하나님은 그냥 넘어가지 않으셨다. 하나님은 그들에게 노를 발하시고 구름 기둥과 함께 그 자리를 떠나가셨다. 그리고 그 결과가 즉각 나타났다. 미리암의 몸에 문둥병이 들어 온몸이 눈처럼 희어졌던 것이다. 그러자 미리암을 따라 모세를 대적했던 아론이 즉각 나서서 모세에게 선처를 호소하고 11절 모세도 하나님께 부르짖어 미리암을 고쳐 주실 것을 호소했다. 그러자 하나님께서는 "그의 아비가 그의 얼굴에 침을 뱉었을지라도 그가 칠 일을 부끄러워하지 않겠느냐" 하고 말씀하신다 14절. 하물며 하나님이 그를 쳐서 문둥병을 내렸는데 어떻게 즉시 고쳐 줄 수 있느냐 하는 말

씀이다. 이것이 하나님께서 모세와 말씀하시는 방식이다. 어떻게 이렇게까지 친근하게 말씀하실 수 있었을까? 어떻게 해서 모세는 이렇게도 하나님의 사랑을 입을 수 있었을까? "그런즉 그를 진 밖에 칠 일을 가두고 그 후에 들어오게 할지니라." 이것이 하나님의 조처였다. 그렇게 해서 미리암은 진 밖으로 쫓겨나서 칠 일 동안 갇혀 있었고 백성은 그 자리에 그대로 머물러 있었다. 칠 일을 지나 미리암의 문둥병이 깨끗해져서 진 안으로 들어온 뒤에야 백성은 그 곳을 떠나 바란 광야에 도착하여 진을 칠 수 있었다.

이 사태에서 3절은 중요한 역할을 한다. "이 사람 모세는 온유함이 지면의 모든 사람보다 승하더라." 미리암과 아론이 모세를 비난한 사실과, 그들에 대해서 하나님이 진노하신 기록 사이에 3절이 위치해 있다. 즉 그들이 비난한 인물은 겸손한 사람이었기 때문에 하나님이 그 사태에 개입하신다는 것이다. 물론 모세는 겸손하기만 한 것이 아니라 백성의 지도자이기도 했다. 그러나 여기서는 지도자 문제가 거론된 것이 아니라 모세의 겸손이 거론되었다. 모세가 그런 인물이므로 하나님은 모세와는 특별하고 예외적인 방식으로 교통하셨고 미리암과 아론은 그런 모세를 대적하지 말았어야 했으며, 결국 하나님은 모세에 대한 공격을 자신에 대한 공격으로 간주하셨던 것이다. 이것이 바로 우리가 겸손한 인물을 두려워해야 할 특별한 이유이다. 이것은 종교직에 있는 사람을 두려워해야 한다는 말이 아니다. 아무리 종교직에 있다고 해도 그의 마음이 겸손하지 못하면 그는 두려워해야 할 사람이 아니다. 도리어 멸시받아야 할 사람이다.

고라와 다단과 아비람과 온의 반역

모세에 대한 반역의 또 다른 예는 민수기 16장에 기록되어 있다. "레위의 증손 고핫의 손자 이스할의 아들 고라와 르우벤 자손 엘리압의 아들 다단과 아비람과 벨렛의 아들 온이 당을 짓고 이스라엘 자손 총회에 택함을 받은 자 곧 회중에 유명한 어떤 족장 이백오십 인과 함께 일어나서 모세를 거스르니라 그들이 모여서 모세와 아론을 거슬러 그들에게 이르되 너희가 분수에 지나도다 회중이 다 각각 거룩하고 여호와께서도 그들 중에 계시거늘 너희가 어찌하여 여호와의 총회 위에 스스로 높이느냐" 민 16:1-3. 이들의 말의 어투가 미리암과 아론의 경우와 매우 유사한 것을 주목할 수 있다. 민수기 12장에서 미리암과 아론은 "여호와께서 모세와만 말씀하셨느냐 우리와도 말씀하지 아니하였느냐"라고 말했다. 그러므로 민수기 16장에 기록된 사람들의 동기도 모세가 행사하는 지도력에 대한 질투였음이 분명하다. 그것이 겉으로는 민주주의적인 주장 같지만 내심은 질투의 결과였다. 그들은 모세의 지도직이 그의 겸손의 결과인 것을 볼 수 있을 정도의 영적인 지식을 갖추지 못한 사람들이었다. 그들은 모세가 앞장 서서 지도자 노릇 하는 것을 보기 싫어하는 정도의 인격을 가졌던 것이다. 이는 그들이 지도자직을 탐냈기 때문이다. 말하자면 헛된 영광을 구한 것이다. 동시에 그들은 겸손한 자를 대적하는 것이 얼마나 위험한 일인지를 알 정도의 영적인 지식도 없었다. 이것이 그들의 불행의 씨앗이었다.

특히 성전 봉사를 담당했던 고라 자손의 잘못에 대한 모세의 지적은 통렬하다. 고라 자손이 바로 전형적인 교만의 죄를 범하고 있었음이 드러나는 까닭이다. 7절에서 모세는 "레위 자손들아 너희가 너무 분수에 지나치느니라"고 지적했다. 모세와 아론과 고핫 자손인 고라는 모두 레위 지파 사람들로서 성막에서 섬기는 일을 담당하고 있는 터였다. 민수기 3장에 의하면 레위 지파에 속한 고핫 자손은 "증거궤와 상과 등대와 단들과 성소에서 봉사하는 데 쓰는 기구들과 휘장과 그것에 쓰는 모든 것"을 맡았다31절. 그들은 레위 지파 후손들 중에서도 지성소의 기구를 담당하는 중책을 담당했다. 따라서 고핫 자손인 고라는 자기들에게 맡겨진 일을 큰 특권과 영광으로 여기고 충성했어야 했다. 그럼에도 불구하고 고라는 자기의 직책으로 만족하지 않고 제사장 자리를 노리고 모세와 아론을 대적했던 것이다. 그들에 대한 모세의 꾸짖음이 그들의 죄의 성격을 잘 드러낸다. "모세가 또 고라에게 이르되 너희 레위 자손들아 들으라 이스라엘의 하나님이 이스라엘 회중에서 너희를 구별하여 자기에게 가까이 하게 하사 여호와의 성막에서 봉사하게 하시며 회중 앞에 서서 그들을 대신하여 섬기게 하심이 너희에게 작은 일이겠느냐 하나님이 너와 네 모든 형제 레위 자손으로 너와 함께 가까이 오게 하신 것이 작은 일이 아니거늘 너희가 오히려 제사장의 직분을 구하느냐"민 16:8-10. 여기서 우리는 고라가 전형적인 교만에 빠진 것을 알 수 있다.

 이 일이 어떻게 귀결되었는가? 하나님은 모세를 대적한 자들을 전부 모이게 하신 후에 다른 백성은 그들을 떠나도록 하셨다. 그러자 그들이 서 있던 땅이 갈라져 그들은 산 채로 땅 속으로 들어가고 말았다31-35절. 다음 날 백성이 또 모세와 아론을 원망하고 치려 하자 이번에는 염병이 시작되어 백성 중 염병으로 죽은 자가 일만사천칠백 명이 되었다49절. 이 무지몽매한 백성들은 겸손한 자를 알아볼 눈이 없어서 그를 대적하고는 겸손한 자와 함께하시는 하나님의 치심을 받아 멸망당한 것이다. 우리가 왜 겸손한 자를 두려워해야 할지 이유가 분명하다. 교만한 자는 바람에 나는 겨와 같지만 겸손한 자는 하나님이 함께하심으로 반석과 같이 든든히 서는 것이다.

모세를 부르심

하나님이 모세를 부르시는 장면에서 모세의 겸손이 어떠한지 드러난다. 역사를 기뻐하시는 뜻대로 통치하시는 하나님의 전적인 다스림 하에서 이제 이스라엘을 애굽의 압제에서 해방하여 지구상에 하나님의 나라를 건설할 때가 되었을 때, 모세는 그 일을 위한 적임자가 될 정도의 겸손에 도달해 있었다. 그래서 하나님은 떨기나무 불꽃 가운데에서 모세에게 나타나시고 그를 부르신 것이다. 당시 팔십이 된 모세는 사십 년 전의 모세가 아니었다. 그는 자신의 무능력함과 무지와 불결을 알고 있었고, 항차 이스라엘을 해방하고 나라를 세우는 일은 절대로 자기가 넘볼 일이 아니라는 것을 깊이 느끼고 있었던 터였다. 그런데 그런 모세를 하나님이 불러 내신다. 기이한 대목이다.

출애굽기 3장과 4장에 기록된 하나님과 모세 사이의 대화는 대단

> 이스라엘을 해방하고 나라 세우는 일을 할 수 없다는 모세를 부르심

히 낯설다. 3장 2-4절에 하나님이 불타는 떨기나무 가운데서 모세를 부르셨을 때 모세가 대답한다. '내가 여기 있나이다.' 그 다음 3장 5절부터 10절까지 하나님께서 앞으로 하실 일과 그 일을 모세를 통해서 하시겠다는 계획을 말씀하신다. 그러자 11절에서 모세의 말이 또 한 마디 등장한다. "내가 누구관대 바로에게 가며 이스라엘 자손을 애굽에서 인도하여 내리이까." 12절에서 하나님의 약속과 확증의 말씀을 들은 후에도 모세는 "내가 이스라엘 자손에게 가서 이르기를 너희 조상의 하나님이 나를 너희에게 보내셨다 하면 그들이 내게 묻기를 그의 이름이 무엇이냐 하리니 내가 무엇이라고 그들에게 말하리이까" 13절라고 질문한다. 모세가 이렇게 말한 것은 자기가 가겠다는 뜻으로 한 말이 결코 아니다. 자기는 갈 수 없다는 이유를 말하고 있는 것이다. 이 말이 암시하고 있는 것은 자기는 이스라엘 백성을 설득할 수 없다는 것이다. 그것은 이미 40년 전에 자기가 해 보았던 일이다. 그들은 하나님의 이름을 모르지 않았으나 모세의 말을 듣지 않았다. 그러므로 자기가 가서 하나님이 보내셨다고 해도 그들은 듣지 않으리라는 뜻이다. 거기에 숨어 있는 말은 자기가 가 봐야 소용이 없다는 말이다.

하나님은 모세의 이런 변명에도 불구하고 계속해서 자신의 계획을 말씀하신다. 14-22절까지 하나님이 길게 말씀하신다. 이 말씀은 너무나 현실적이고 구체적이다. 모세에게 할 일을 말씀하시고, 그가 가서 이렇게 하면 이런 반응이 나타날 것이며, 그런 반응이 나타나면 너는 걱정할 것이 없이 저렇게 하면 된다는 행동 요령을 상세히 가르쳐 주신다. 즉 모세가 바로에게 가기도 전에 그가 가서 할 일, 갔을 때 바로가 보일 반응, 그 일에 대해서 모세가 할 행동 요령, 그런 모든 일이 어떻게 귀결되리라는 것까지 다 모세에게 말씀하시는 것이다.

하나님의 이 모든 말씀에 대한 모세의 대답은 간단하다. "그러나 그들이 나를 믿지 아니하며 내 말을 듣지 아니하고 이르기를 여호와께서 네게 나타나지 아니하셨다 하리이다" 출 4:1. 이 말을 하면서 아마 모세는 사십 년 전을 회상하고 있었을 것이다. 그 때 그는 하나님의 이름으로 히브리 백성에게 이야기했을 것이며 그렇게 했음에도 불구하고 그들로부터 배척을 당했던 것이다. 이제 사십 년이 흐른 지금 그가 다시 그들에게 가서 같은 이야기를 한다고 해서 그들이 들을 것 같지 않다는 것이다. 모세는 그 일에 대해서 전혀 자신이 없었다.

그러자 이번에는 또 하나님의 긴 말씀과 행동이 뒤따른다. 2-9절까지가 그것이다. 지팡이를 던지니까 뱀이 되고 그 꼬리를 잡으니까 다시 지팡이가 되는 기적을 보여 주셨다. 그 다음에는 손을 품에 넣었다가 꺼내니까 손에 문둥병이 발병하고 그 손을 다시 품에 넣었다가 꺼내니까 손이 깨끗해졌다. 모세의 눈앞에서, 그리고 모세 자신의 몸에서 기이한 이적들이 발생하고 있는 것이다. 모세는 그것을 직접 보고 경험하였다.

그 일이 있은 다음에 모세는 무엇이라고 말하는가? "주여 나는 본래 말에 능치 못한 자라 주께서 주의 종에게 명하신 후에도 그러하니 나는 입이 뻣뻣하고 혀가 둔한 자니이다" 출 4:10. 우리는 모세의 이 말이 핑계임을 스데반의 말을 통해서 알 수 있다. 스데반은 모세를 가리켜서 '모세가 애굽 사람의 학술을 다 배워 그 말과 행사가 능하더라' 행 7:22고 말했기 때문이다. 모세는 자신이 도저히 하나님이 계획하시는 그 일에 적임자가 아니라고 생각하고 있는 것이다. 자기는 입이 뻣뻣하고 혀가 둔하여 갈 수 없다는 모세의 핑계에 대해서 하나님께서는 "누가 사람의 입을 지었느뇨… 이제 가라 내가 네 입과 함께 있어서 할 말을 가르치리라" 신 4:11-12고 하셨다. 하나님의 이 말씀은 모세가 혀가 둔하다는 것이 핑계임을 다시 한 번 보여 준다. 그것은 모세가 그 일을 못 하겠다고 주장할 정당한 이유가 못 되었다.

하지만 모세의 태도는 여전히 완강하다. '주여 보낼 만한 자를 보내소서'. 하나님의 모든 권면과 설득과 약속에도 불구하고 모세는 여전히 자신이 생기지 않아서 못 가겠다는 것이다. 이 대답에 대해서 마침내 하나님의 인내가 한계에 도달하였다. 14절은 "여호와께서 모세를 향하여 노를 발하셨다"고 되어 있다. 하나님은 모세를 불러서 이스라엘의 건국자로 사용하시겠다고 하는데 모세는 미디안 광야에서 양을 치면서 아내와 아들과 함께 살겠다는 것이다. 우리는 이것을 모세의 불신이라고 해야 할까? 그런데 하나님은 화를 내시면서까지 모세를 부르시고 모세의 요구를 들어 주신다. 모세가 말을 못 한다면 말 잘하는 그의 형 아론을 붙여 줄 테니까 나서서 일을 하라는 것이다. "여호와께서 모세를 향하여 노를 발하시고 가라사대 레위 사람 네 형 아론이 있지 아니하뇨 그의 말 잘함을 내가 아노라"
출 4:14. 하나님은 모세를 불러 일을 시키고자 하시지만 모세는 계속 자기는 못하겠다고 한다. 출애굽기 3장 2절의 불타는 떨기나무 이야기부터 시작해서 4장 17절까지 이어지는 긴 이야기는 모세가 사명을 받는 장면이다. 그런데 거기서 막상 벌어진 일은 우리가 전혀 예상할 수 없는 모습이다. 모세가 거룩한 사명을 받고 힘을 얻어서 용감하게 나아가는 것이 아니다. 하나님은 모세를 불러 내시고 그에게 일을 맡기고자 하지만 당사자인 모세 자신은 도저히 그 일을 못하겠다고 생각하고 있다. 그래서 모세는 계속해서 자기가 그 일에 합당하지 않다는 핑계를 대지만 하나님은 모세가 핑계를 댈 때마다 긴 반론을 하면서 모세를 설득하신다. 이것은 참으로 이상한 장면이다. 마치 하나님이 무언가 아쉬워 모세에게 부탁하는 것 같은 모습이다. 이것이 대단히 낯선 이야기이지만 한 가지는 분명하다. 하나님은 겸손한 자를 진정 기뻐하시며 그를 불러 자신의 능력의 도구로 사용하시며 자신의 뜻을 이루고자 하신다는 점이다.

모세가 이 부분을 상세히 기록한 의도

여기서 자연히 떠오르는 질문은 모세가 왜 이 부분을 이렇게 자세히 기록했을까 하는 것이다. 자기는 하나님이 이렇게까지 해서 불러낼 정도로 훌륭한 인물이라는 것을 은근히 보이기 위해서 이렇게 말했을까? 만약 그랬다면 모세는 겸손한 인물이 아니라 여기서 쇼를 한 셈이 된다. 그러나 그렇게 생각할 수는 없다. 모세는 쇼를 한 것이 아니고 하나님은 모세에게 속아 넘어간 것이 아니다. 모세는 정말로 자기는 그렇게 이스라엘을 구원하는 일에 도구 노릇을 할 수 없다고 느꼈고 하나님은 정말로 모세를 기뻐하여 그를 들어서 그 일을 하고자 하신 것이다. 이유야 어쨌든 우리는 이 글 전체에서 모세가 이스라엘 지도자가 된 것은 그가 원해서 된 것이 아님을 알 수 있다. 모세는 그것을 원하지 않았다. 그는 자신이 그런 일에 결코 적임자가 아니라고 생각했던 것이다. 모세는 자기보다 훌륭한 다른 사람이 가서 그 일을 하기를 간절히 원했다. 하다못해 자기 형 아론이라도 자기 대신 가서 했으면 좋겠다는 심정이었을 것이다. 그러나 하나님의 뜻은 확고했고 그 뜻을 꺾을 수는 없었다. 아론이 모세를 대신해서 입 노릇 할 것을 명하신 후에 하나님은 이렇게 말을 맺으신다. "너는 그에게 말하고 그 입에 말을 주라 내가 네 입과 그의 입에 함께 있어서 너의 행할 일을 가르치리라 그가 너를 대신하여 백성에게 말할 것이니 그는 네 입을 대신할 것이요 너는 그에게 하나님같이 되리라 너는 이 지팡이를 손에 잡고 이것으로 이적을 행할지니라" 출 4:15-17. 하나님의 이 단호한 결론 앞에서 이제 모세도 더는 반론을 제시할 수 없었다. 그는 순종할 수밖에 없었던 것이다. 모세는 자기가 할 수 있다고 생각해서 그 일을 맡은 것이 아니었다. 자기는 할 수 없고 자기의 힘이 거기에 턱없이 미치지 못하지만 하나님이 명하시니 맡은 것이다. 모세는 이 긴 구절에서 그것을 분명히 하고 있다. 이것은 오늘날 무슨 큰 일을 맡아서 이루고 싶어 안달하는 많은 사람들의 태도와 얼마나 다른가?

그러면 그 이후에 모세의 태도는 바뀌었는가? 이제 하나님을 믿고 자신감이 가득해서 그 일을 척척 해 나갔는가? 그렇지 않았다. 계속해서 그는 자기가 감당할 수 없는 일을 맡았다는 관념에 사로잡혀 있었다. 그러니 아무 일도 자기가 척 나서서 무엇을 알아서 하는 법이 없었다. 무슨 일이든지 그저 하나님의 명령이 떨어질 때까지 기다리는 것이 그의 일이었다. 모세의 기록을 보면 모세는 도리어 소극적인 인물로 나타난다. 그가 잘하는 것이라고는 하나님 앞에 엎드리는 것과 그의 명령을 기다리는 것밖에 없는 것처럼 보일 지경이다. 하지만 하나님의 명령이 떨어지면 지체 없이 수행하는 민첩함이 돋보인다. 모세가 그런 인물이라는 것은 우리가 보통 생각하는 위대한 지도자의 상과 크게 다른 것이다. 이렇게 모세가 자기에 대해서 낮은 평가를 내리고 자기는 도저히 감당할 수 없는 일을 맡았다고 생각하면서 하나님 앞에 엎드릴 때마다 하나님은 모세에게 나타나시고 그를 직접 대면해서 그에게 지시하셨다. 그런 모세는 하나님 보시기에 참으로 사랑스러운 인물이었다. 이 모든 일의 비밀은 모세의 겸손이다.

자기 삶에 대한 모세의 평가

이제 다시 출애굽기 2-3장에 기록된 하나님과 모세 사이의 대화를 모세가 상세히 기록한 이유를 생각해 보자. 그 일은 당사자인 하나님과 모세밖에는 몰랐다. 그러므로 그 이야기는 모세의 입을 통해서 나올 수밖에 없었으므로 그 내용을 모세가 기록했다고 보는 것이 가장 자연스럽다. 만약 모세가 그 내용을 직접 기록하지 않았다면 모세의 이야기를 들은 다른 누군가가 이야기를 기록했을 것이다. 하나님은 그런 방식으로 자신의 말씀을 성경에 기록하게 하신 것이다.

모세가 그 내용을 그렇게 상세히 기록하면서 하고 싶은 말은 자기는 그 일에 적임자가 아니라는 것이다. 자신이 이스라엘을 이끌고 출애굽한 모든 것은 원래 자기의 분에 넘치는 일이었다고 모세는 말하고 있는 것이다. 자기에게는 벅찬 일이었고 따라서 자기보다 더 훌륭한 다른 누군가가 맡아서 했어야 하는 일이라는 것이다. 그래서 자기는 여러 번 그 일을 사양했지만 하나님의 강권에 의해서 자기가 그 일을 맡았다는 것이다. 그 이후 기록에 나타난 모세의 삶은 지속적인 고난의 삶이었다. 백성은 자주 자기를 지도자로 존경하지 않았고 자기가 하나님의 말씀을 대언함에도 불구하고 번번이 그 말을 들으려 하지 않았다. 모세는 백성의 거듭되는 불순종 속에서 자기는 그 일에 적임자가 아니라는 확신을 점점 더 했을 것이다. 그런 경험을 하면서 모세는 자기의 무능력에 대해서 더욱 절망했을 것이다. 심지어 모세는 하나님께 자기를 죽여서 그 고생에서 건져달라고 부탁한 일까지 있었다. "여호와께 여짜오되 주께서 어찌하여 종을 괴롭게 하시나이까 어찌하여 나로 주의 목전에 은혜를 입게 아니하시고 이 모든 백성을 내게 맡기사 나로 그 짐을 지게 하시나이까 이 모든 백성을 내가 잉태하였나이까 내가 어찌 그들을 생산하였기에 주께서 나더러 양육하는 아비가 젖 먹는 아이를 품듯 그들을 품에 품고 주께서 그들의 열조에게 맹세하신 땅으로 가라 하시나이까 이 모든 백성에게 줄 고기를 내가 어디서 얻으리이까 그들이 나를 향하여 울며 가로되 우리에게 고기를 주어 먹게 하라 하온즉 책임이 심히 중하여 나 혼자는 이 모든 백성을 질 수 없나이다 주께서 내게 이같이 행하실진대 구하옵나니 내게 은혜를 베푸사 즉시 나를 죽여 나로 나의 곤고함을 보지 않게 하옵소서" 민 11:11-15.

> 자기 삶에 대한 모세의 평가는 출애굽의 적임자가 아니라는 것

이것이 오경에 기록된 모세의 삶의 모습이다. 그는 확신과 자신감을 가지고 그 일을 한 것이 아니라 오히려 자신이 없이 오로지 하나님의 처분과 도우심만을 기대하면서 그 일을 한 것이었다. 자기같이 무능한 사람은 도저히 감당할 수 없는 일을 행하느라 고생한 것이라고 생각했다. 모세는 팔십 세에 하나님의 부르심을 받아 일백이십 세까지 사십 년 동안 백성을 인도하였다. 그 사십 년 동안 내내 모세는 자기의 무능함을 재확인했으며 하나님이 왜 자기 같은 사람을 불러서 그 일을 시켰는지 이해할 길이 없었다. 시편 90장에 기록된 모세의 기도 속에 이런 구절이 등장한다. "주께서 사람을 티끌로 돌아가게 하시고 말씀하시기를 너희 인생들은 돌아가라 하셨사오니 주의 목전에는 천년이 지나간 어제 같으며 밤의 한 경점 같을 뿐임이니이다 주께서 저희를 홍수처럼 쓸어 가시나이다 저희는 잠간 자는 것 같으며 아침에 돋는 풀 같으니이다 풀은 아침에 꽃이 피어 자라다가 저녁에는 벤 바 되어 마르나이다 우리는 주의 노에 소멸되며 주의 분내심에 놀라나이다 주께서 우리의 죄악을 주의 앞에 놓으시며 우리의 은밀한 죄를 주의 얼굴 빛 가운데 두셨사오니 우리의 모

4장 | 겸손한 사람

든 날이 주의 분노 중에 지나가며 우리의 평생이 일식간에 다하였나이다 우리의 연수가 칠십이요 강건하면 팔십이라도 그 연수의 자랑은 수고와 슬픔뿐이요 신속히 가니 우리가 날아가나이다" 시 90:3-10. 이것이 모세가 경험한 삶의 실상이었다. 사람의 눈에는 그가 하나님의 손에 붙잡혀서 위대하게 쓰임을 받은 사람이었지만 막상 모세 자신은 자기가 도저히 감당할 수 없는 분에 넘치는 일을 맡아 사십 년 동안을 허덕거리면서 아무 이룬 것 없이 수고와 슬픔 속을 헤매다가 '주의 분노 중에 그 평생이 일식간에 다한' 것이었다.

모세는 미디안 광야에서 이드로의 사위가 되어 사랑하는 아내 십보라와 함께 양을 치면서 살기를 원했다. 그것이 자기에게는 가장 어울리는 일이라고 생각했다. 아니면 그것도 자기에게는 과분한 복이라고 생각했는지 알 수 없다. 그는 자신에 대해서 그렇게 낮은 평가를 내리고 있었기 때문에 이스라엘의 지도자가 된다는 것, 혹은 하나님의 종으로 쓰임을 받는다는 것은 자기와는 아무 관계가 없는 남의 일이라고 생각했다. 그런 그가 하나님에게는 귀한 보석으로 보였다. 왕의 기품을 가지고 있고 애굽의 모든 지혜를 통달했으면서 자신에 대해서 그렇게도 낮은 평가를 내린 그는 하나님의 마음에 꼭 들었다. 그래서 하나님은 어떻게 해서든지 그를 쓰기 원하셨다. 모세는 하나님이 시키시는 일을 하는 동안 내내 겸손을 유지했다. 자기는 무능력한 사람으로서 분에 넘치는 일을 맡았으니 어찌할 수가 없다는 절망감은 모세를 떠나지 않았다. 그래서 그는 그저 하나님 앞에 엎드리고 그 지시를 받는 것 이외에 다른 선택의 여지가 없었다. 하나님은 자신의 일을 이루셨지만 그릇이 된 모세는 자기의 부족과 연약 속에서 자기는 과분한 일을 맡아서 어떻게 할 수 없음을 느꼈던 것이다.

이것은 기묘한 아이러니이지만 하나님이 사람을 쓰시는 전형적인 방식이다. 하나님이 모세를 택하신 것, 그를 그렇게도 유능한 그릇으로 보신 것은 바로 모세의 그런 마음 때문이었다. 과연 하나님은 모세를 통하여 큰 일을 이루셨다. 이스라엘 백성을 애굽에서 인도해 내시고, 모세를 성경의 처음 다섯 책인 오경의 저자로 삼으신 것이다. 그리고 무엇보다도 하나님의 쓰임을 받는 사람이 얼마나 겸손한 사람이어야 하는지 그 전형을 모세를 통해서 세우신 것이다.

겸손의 그림자와 실체

모세는 성신의 감동으로 이런 예언을 했다. "네 하나님 여호와께서 너희 중 네 형제 중에서 나와 같은 선지자 하나를 너를 위하여 일으키시리니 너희는 그를 들을지니라" 신 18:15. 신명기 내의 문맥에서는 이것이 여호수아를 가리킨다. 왜냐하면 여호수아가 모세를 이어 선지자가 되어 그 백성을 가나안으로 이끌 것인 까닭이다. 그러나 모세로 하여금 그 예언을 하게 하신 성신께서는 그 예언으로 여호수아만을 가리킨 것이 아니라 예수 그리스도를 또한 가리키셨다. 요한복음에 보면 '그 선지자'라는 표현이 몇 번 나온다. 여기서 그 선지자란 모세가 말한 '나와 같은 선지자'를 가리키는 말이다. 예수님 당시 유대 사회에는 모세가 예언한 그 선지자가 올 것이라는 기대가

널리 퍼져 있었다. 그 선지자가 오면 백성은 그의 말을 들어야 한다. 왜냐하면 그는 모세처럼 백성을 다시 인도하여 구원에 이르게 할 것인 까닭이다. 우리는 과연 예수님이 그 선지자인 것을 알 수 있다. 그러나 그 선지자는 모세보다 말할 수 없이 높은 분이다. 물론 겸손과 온유에 있어서도 마찬가지이다. 모세의 겸손은 결국 예수 그리스도의 겸손의 그림자일 뿐이다. 모세는 자기가 하나님의 종이 되기에 합당치 않다고 생각했지만, 그리스도께서는 자신이 성부와 동등됨을 취하는 것이 합당치 않다고 생각하셨다. 히브리서는 모세가 '하나님의 온 집의 사환으로 충성'했다고 말한다 히 3:5. 그러나 그리스도는 그 집을 맡은 아들로 충성하셨다. 이제 우리는 모세의 겸손의 성격을 알 수 있다. 그는 하나님의 집에서 봉사하는 사환으로서 그의 겸손이 그림자라면 그 집의 아들인 예수 그리스도의 겸손은 그 실질이요 실체이다.

제2부 교만

교만에 대한 경고

교만의 뿌리

자기 몫에 대한 불만-교만의 시작

타락으로 인한 사람의 교만

교만에 대한 하나님의 형벌

5

마귀의 교만

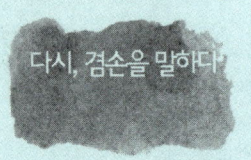

다시, 겸손을 말하다

5 마귀의 교만

¹미쁘다 이 말이여, 사람이 감독의 직분을 얻으려 하면 선한 일을 사모한다 함이로다 ²그러므로 감독은 책망할 것이 없으며 한 아내의 남편이 되며 절제하며 근신하며 아담하며 나그네를 대접하며 가르치기를 잘하며 ³술을 즐기지 아니하며 구타하지 아니하며 오직 관용하며 다투지 아니하며 돈을 사랑치 아니하며 ⁴자기 집을 잘 다스려 자녀들로 모든 단정함으로 복종케 하는 자라야 할지며 ⁵(사람이 자기 집을 다스릴 줄 알지 못하면 어찌 하나님의 교회를 돌아보리요) ⁶새로 입교한 자도 말지니 교만하여져서 마귀를 정죄하는 그 정죄에 빠질까 함이요 ⁷또한 외인에게서도 선한 증거를 얻은 자라야할지니 비방과 마귀의 올무에 빠질까 염려하라 딤전 3:1-7.

지금까지 보았듯이 겸손은 신자가 추구해야 할 가장 중요한 덕목이다. 기독교적인 모든 덕성이 겸손에서 출발하며 겸손 위에 세워지는 까닭이다. 하지만 우리는 겸손해지기가 얼마나 어려우며 교만해지기는 얼마나 쉬운지 잘 알고 있다. 그러므로 겸손을 향한 행진의 다른 면은 교만을 피하는 것이다. 그러기 위해서는 교만에 대해서도 배워서 알아야 한다.

오랜 세월 동안 많은 하나님의 사람들은 여러 죄 중에서도 교만이라는 죄에 특별히 집중해 왔다. 모든 죄를 가만히 묵상해보면 최후에 가서 맞닥뜨리는 것은 숨은 교만이라는 것이다. 스코틀랜드 교회의 존경 받는 목사였던 로버트 머리 맥체인 Robert Murray McCheyne 이라는 분은 '나는 내가 교만하다는 것을 안다. 그런데도 나는 아직 그 교만의 절반도 알지 못했다'고 말했다. 조나단 에드워즈 Jonathan Edwards 는 회심한 지 20년 후에 자기 마음 속의 '바닥을 알 수 없고 무한히 깊은 교만'으로 신음했다. 그리고 루터 Martin Luther 는 말하기를 '나는 로마에 있는 교황과 모든 추기경보다 자아라는 교황을 더 두려워한다'고 고백했다. 그들이 교만에 대해서 얼마나 깊이 깨달았는지를 보여 준다.

우리는 겸손에 대해서 깊이 묵상해야 하는 것과 마찬가지로 교만에 대해서도 깊이 묵상해야 한다. 그래서 마침내 자기 안에 뿌리 내리고 있는 교만의 실상을 바라보고 그것에 대해서 몸서리치며 두려워해야 한다. 우리는 대개 자신이 그렇게 교만하지 않다고 생각한다. 혹은 '나는 교만합니다'라고 말을 해도 정말로 자기가 그렇게도 심각하게 교만하다는 것을 절감하지 못하고 그렇게 말하는 수가 있다. 자신의 교만에 대한 인식이 피상적이라는 것이다. 이렇게 되어서는 교만을 충분히 두려워할 수 없고 교만을 피하기 위한 충분한 노력을 기울이지도 못할 것이다.

교만에 대한 경고

성경은 교만과 거만을 무수히 경고한다. 겸손에 대한 축복의 약속이 무수한 것처럼 교만에 대한 경고도 무수하다. 우선 교만과 거만은 하나님이 미워하시는 바이다. "나는 교만과 거만과 악한 행실과 패역한 입을 미워하느니라" 잠8:13. 그러므로 만약 내가 교만한 상태에 있다면 나는 하나님의 미워하시는 자리에 있는 것이다. 이것은 매우 위험한 일이다. 거기서 언제 어떻게 하나님의 내침을 받아 무너져 버릴지 알 수 없는 까닭이다. 비유컨대 곧 멸망으로 떨어질 위태로운 상태에 있는 것이다. 자기가 서 있는 자리가 하루 아침에 무너지고 있던 그 자리에서 땅 속으로 빠져 들어갈 수 있는 것이다. "저희가 진에서 모세와 여호와의 성도 아론을 질투하매 땅이 갈라져 다단을 삼키며 아비람의 당을 덮었으며 불이 그 당 중에 붙음이여 화염이 악인을 살랐도다" 시 106:16-18. 하나님의 진노는 두렵고 철저하다. "살아계신 하나님의 손에 빠져 들어가는 것이 무서울진저" 히 10:31.

교만의 또 다른 두려움은 책망 받기를 거절한다는 점이다. "거만한 자를 징계하는 자는 도리어 능욕을 받고 악인을 책망하는 자는 도리어 흠을 잡히느니라 거만한 자를 책망하지 말라 그가 너를 미워

할까 두려우니라 지혜 있는 자를 책망하라 그가 너를 사랑하리라" 잠 9:7-8. 이것이 교만한 자에 대한 가장 큰 저주이며, 교만의 가장 두려운 측면이다. 사람이 교만하면 마지막에는 다른 사람이 그를 책망하지 않게 된다. 누가 교만하고 거만한 사람을 책망했다가 그 결과로 욕을 당하겠는가? 교만한 사람이 책망을 받으려 하지 않는 것은 자기에게는 부족이나 잘못이 없다고 생각하는 까닭이다. 교만한 사람은 자기의 장점과 다른 사람의 단점을 보는 데에는 민첩하다. 그러나 자기의 단점과 다른 사람의 장점은 좀처럼 못 본다. 이것이 성품의 일부가 된 사람에 대해서 사람들은 절망한다. 그 사람에게는 어떻게 무슨 말을 해도 먹히지 않으리라 생각하고 마침내 하늘의 결정에 맡겨 버리는 것이다. 그래서 그는 자기의 교만 가운데 멸망해 간다. 바로 이것이 교만한 사람에게 임하는 결정적인 저주이다. "교만은 패망의 선봉이요 거만한 마음은 넘어짐의 앞잡이니라 겸손한 자와 함께 마음을 낮추는 것이 교만한 자와 함께 하여 탈취물을 나누는 것보다 나으니라" 잠 16:18, 19.

교만한 자는 마침내 하나님을 잊어버린다. 교만으로 인해서 그의 영원한 운명이 결정되고 마는 것이다. "네 마음이 교만하여 네 하나님 여호와를 잊어버릴까 하노라" 신 8:14. 이 구절은 마음이 교만한 자가 하나님을 잊어버린다는 중요한 진리를 가르친다. 앞으로 더욱 분명해지겠지만 교만한 자는 성격상 하나님을 믿을 수 없다. 왜냐하면 교만은 하나님을 대적한 자 마귀의 죄의 본질이며, 따

> 교만은 마귀의 죄의 본질이며 교만하다는 것은 마귀에게 속했다는 표시

라서 교만하다는 것은 마귀에게 속했다는 표시인 까닭이다. "그 이웃을 그윽히 허는 자를 내가 멸할 것이요 눈이 높고 마음이 교만한 자를 내가 용납지 아니하리로다" 시 101:5. 이 외에도 교만과 거만에 대한 경고는 얼마든지 있다.

교만의 뿌리

이제 교만이 어떻게 시작되었으며 그것이 어떻게 모든 죄의 뿌리가 되는지 살펴보자. 디모데전서는 사도 바울이 에베소에 남아서 교회를 돌보고 있는 디모데에게 교회에서 그가 어떻게 처신하며 교회의 중요한 일들을 어떻게 처리해야 하는지를 가르치는 서신이다. 그 중에서 앞의 본문은 교역자와 장로의 자격을 가르치는 부분이다. 3장 6절에서 "새로 입교한 자도 말지니 교만하여져서 마귀를 정죄하는 그 정죄에 빠질까 함이요"라는 구절이 있다. 즉 신앙 생활이 일천한 사람은 교회의 교역자나 장로가 될 수 없다는 것이다. 그 이유는 그가 교만해질 수 있는 위험이 큰 까닭이다. 교회의 지도자가 되는 사람은 신앙적 경험이 풍부해야 한다. 그래야 결국 자기가 얼마나 연약한 사람인가 하는 것을 절감할 수 있다. 그 깨달음 때문에 그는 더욱 하나님을 의지하게 되고 다른 사람에게도 이해와 관용으로 대할 수 있게 된다. 교회 지도자에게는 이런 자질이 절대적으로 필요하다. 그런데 그런 오랜 신앙 경험이 없는 사람은 자칫 자기의 신앙에 대해서 불필요하게 높은 점수를 매기기 쉽다. 하룻강아지 범 무서운 줄 모른다는 속담이 거기에도 적용될 것이다. 그런 사람은 쉽게 교만해진다.

　그런데 사도는 '교만하여져서 마귀를 정죄하는 그 정죄에 빠질까 함이요'라고 말한다. '마귀를 정죄하는 그 정죄'라는 말은 마귀가 정죄를 받은 것이 그의 교만 때문임을 전제로 한다. 마귀가 교만 때문에 정죄 받았듯이 새로 입교한 자도 교회 지도자가 되면 동일한 교만으로 인해서 정죄를 받을까 걱정된다는 말이다. 이것은 두려운 표현이다. 마귀는 교만으로 인하여 하나님에게 정죄를 받고 영원히 돌이킬 수 없는 상태로 떨어져 버렸다. 그리고 그는 지속적으로 하나님의 대적이 되어 교회를 무너뜨리는 일에 전심전력하고 있다. 이와 같이 새로 입교한 자에게 지도자직이 맡겨지면 그는 자칫 교만하게 되어 마귀 편에 서서 교회를 무너뜨리는 일을 할 위험이 있다는 것이다. 그러므로 새로 입교한 사람은 교회에서 지도자의 일을 맡을 수 없다.

　여기서 우리는 마귀가 정죄 받은 죄가 바로 교만임을 알 수 있다. 여기에 교만이 처할 두려운 상태가 있다. 교만한 사람은 마귀가 떨어진 것과 같은 정죄의 상태에 떨어질 수 있는 것이다. 마귀가 범한 교만이라는 죄의 본질적 성격을 자세히 살펴보면 결국 자신이 하나님이 되려 한다. 어떻게 이것이 가능한가? 마귀가 과연 스스로 하나님이 되기를 원했을까? 이것이 보통 사람과는 거리가 먼 이야기처럼 들린다. 왜냐하면 보통 사람으로서 자기가 신이 되겠다고 작정하는 사람은 그리 많아 보이지 않기 때문이다. 그러나 과연 보통 사람, 혹은 우리 자신은 하나님이 되겠다고 생각하지 않는가? 이 질문에 대한 답을 얻기 위해서는 마귀가 범한 죄의 성격을 좀더 자세히 살펴보는 것이 필요하다.

마귀의 경우를 잘 살펴보면, 하나님이 그에게 할당해 주신 몫과 지정해 주신 자리로 만족하지 않고 더 높은 곳으로 오르려 한 것이 그의 잘못의 본질이었음이 드러난다. 언뜻 보면 더 높은 곳으로 오르려는 것이 그렇게 큰 죄 같아 보이지 않는다. 그러나 그것은 언뜻 보아 그러할 뿐이다. 그 실제 내용을 상세히 들여다보면 거기에 지옥 문이 보일 것이다. 그러면 자기의 현재에 만족하지 않고 더 높은 곳으로 오르려는 것이 왜 지옥으로 들어가는 지름길이 되는가?

하나님은 창조주일 뿐만 아니라 통치자이시다. 하나님이 무엇을 만드실 때에는 완전한 목적과 뜻이 있어서 만드신다. 우연히 그냥 만들어 본다는 것은 없다. 하나님은 무엇을 만드실 때에 그것이 있어야 할 자리와 그것이 차지하는 분량에 꼭 맞게 만드신다. 따라서 피조물은 하나님이 나눠 주신 몫과 하나님이 정해 주신 그 자리로 감사하고 만족하면서 거기서 최선을 다해서 하나님의 뜻을 행하고 섬겨 나가야 한다. 이렇게 한다면 그는 교만하지 않은 것이다. 하나님이 정해 주신 몫과 위치로 만족하므로 하나님을 하나님으로 알고 자신을 그의 통치와 뜻에 맡기는 까닭이다. 그는 하나님이 정해 주신 경계 안에 머무는 것이다.

그런데 마귀의 경우에는, 그가 어떤 과정을 통해서 그렇게 되었는지가 성경에 분명하게 기록되지는 않았지만, 자기에게 주어진 몫으로 만족하지 않게 되었다. 마귀가 처음부터 그런 상태로 지음 받았을 수는 없다. 하나님은 모든 것을 선하게 지으셨음이 분명한 까닭이다. 그는 처음에 육체가 없는 영적인 존재 곧 천사로 지음 받았으며 자신에게 주어진 몫으로 만족했음이 분명하다. 그에게는 어느 만큼의 몫과 어떤 자리가 주어졌을 것이다. 그는 어쩌다 지음 받은 것이 아니라 천사들의 세계에서 어떤 위치에서 어떤 일을 하도록 지음 받은 것이다. 그렇다면 마귀의 정당한 태도는 하나님이 자기에게 품부하신 몫과 자기에게 허락하신 지위로 만족했어야 했다. 그렇게 했더라면 아무 문제가 없었을 것이다. 그런데 마귀는 그것에 만족하지 않았다. 그 결과 하나님이 지정해 주신 자리를 뒤로 하고 자기 마음으로 소원하는 더 높은 곳을 향하여 날아오르려 했다.

자기 몫에 대한 불만—교만의 시작

이제 우리는 마귀가 하나님이 주신 몫과 하나님이 지정하신 자리를 떠났을 때에 그가 어떤 마음으로 그렇게 했을지를 쉽게 상상할 수 있다. 그가 처음 피조물로 지음 받았을 때에는 하나님이 허락하신 것으로 만족했을 것이다. 하나님이 명하신 자리에서 하나님이 시키신 일을 하고 있었던 것이다. 그러다가 마음 속에 불만이 생겼다. 자신은 하나님이 정해 주신 몫과 위치로 만족할 수 없다는 심정이 일어난 것이다.

우리는 여기서 좀더 근본적인 질문을 던지지 않을 수 없다. 왜 그에게 불만이 생겼을까? 우리는 그가 어떤 경로로 불만을 가지게 되었는지에 대해서는 알 수 없다. 혹시 질투심이 발동했는지도 모르겠다. 불만이라는 심리적 현상은 자기보다 더 높은 자리에 있거나 더 많은 것을 가진 사람과 자기의 처지를 비교하는 데서 생기기 시작한다. 자기가 원하는 더 높은 것이 없다면 불만이 생길 수가 없다. 그렇다면 아마 마귀는 자기보다 높은 어떤 존재의 상태를 보고 거기에 이르지 못하는 자신을 한탄하면서 불만이 생겼을 것이다. 하지만 마귀가 반드시 불만을 가져야 했던 것은 아니다. 그는 얼마든지 다르게도 생각할 수 있었다. 우리는 여기서 세 가지 가능성을 생각할 수 있다. 첫째, 마귀는 하나님이 자기에게 주신 것이 과분하다고 생각할 수 있었다. 둘째, 하나님이 자기에게 주신 몫이 자기에게 적합하다고 생각할 수 있었다. 셋째, 하나님이 자기에게 주신 몫이 자기에게 부족하다고 생각할 수 있었다.

이 문제 앞에서 어떻게 생각하느냐 하는 것은 결국 자기에 대한 평가와 관련이 있다. 지금 자기에게 주어진 것과 자기의 실제 가치를 비교한 결과에 따라서 셋 중 어느 한 가지 결론에 도달할 것이다. 만약 지금 자기에게 주어진 것이 자기의 능력과 가치보다 더하다고 생각했다면 그는 자신에게 주어진 것이 자기에게 과분하다고 생각했을 것이다. 그리하여 겸손의 위대한 덕에 도달했을 것이다. 바로 그리스도의 마음을 가지게 되는 것이다. 만약 지금 자기에게 주어진 것이 자기의 능력과 가치에 적절하다고 생각했다면 그는 자기가 가진 것으로 만족했을 것이다. 그렇게 되었다면 그는 비록 겸손의 위대한 덕에 도달하지는 못하더라도 교만해지지는 않았을 것이다. 만약 지금 자기에게 주어진 것이 자기의 능력과 가치에 미치지 못한다고 생각했다면 그는 불만족했을 것이다. 마귀는 이 세 가지 중에서 어느 한 가지에 속할 수 있었다. 이것은 순전히 마귀의 주관적인 문제였으며 어떤 생각의 길을 따라가느냐 하는 것은 오로지 그의 몫이었다.

마귀는 세 번째 길을 따라갔다. 그의 마음이 그렇게 움직인 것이다. 다시 말하면 자기에게 주어진 것이 자기의 가치와 능력에 못 미친다고 생각한 것이다. 그러니까 자기의 위치와 소유에 대해서 불만을 가지게 되었다. 여기서 마귀가 실제로 죄를 범하기 전에 먼저 그의 마음 속에서 어떤 일이 발생했는지 알 수 있다. 그가 자기에 대해서 실제보다 높은 평가를 내리게 되었다는 것이다. 그가 처음부터 그런 것은 아니었다. 그런데 어느 순간에 그의 마음 속에 그런 변화가 발생한 것이다. 또한 이것이 마귀의 주관적 평가임을 주목할 필요가 있다. 그것은 하나님이 마귀에 대해서 내리신 평가가 아니다. 하나님이 마귀를 어느 정도로 평가하셨는가 하는 것은 마귀에게 허락된 분량과 지위 속에 이미 나타나 있었다. 그러므로 마귀는 하나님이 자기에게 허락하신 그 정도가 자기의 가치이려니 생각했어야 했다. 혹은 좀더 이상적인 상태였더라면 그것이 자기의 분에 넘친다고 생각했어야 했다. 그것이 마귀에게 합당한 생각이었다.

> 마귀는 스스로에게 매긴 가치에 비해 하나님이 할당하신 몫이 적다고 판단

그러나 실제는 그 반대였다. 마귀 자신이 스스로에게 매긴 가치에 비추어 볼 때 하나님이 자기에게 할당하신 몫이 지나치게 적다는 것이 그의 판단이었다. 자기의 가치와 능력에 합당

하려면 자기는 더 가져야 하고 더 높은 곳에 있어야 했다. 그런데 하나님은 불공평하게도 자기에게 그 정도밖에 허락하지 않으신 것이다. 이것이 마귀의 마음 속에서 진행된 논리의 발전이었다. 그래서 그는 자기에게 정당한 몫과 위치를 스스로 획득하기로 작정한 것이다. 그는 그만 하나님이 그에게 지정해 주신 위치를 떠난 것이다. 그러나 자기의 자리를 떠난 것은 마귀만이 아니었다. 예수님도 자기의 자리를 떠나기는 마찬가지였다. 이렇게 자기 자리를 떠났다는 면에서는 동일하다. 그러나 거기에 근본적인 차이가 있다. 마귀가 자기의 자리를 떠난 것은 더 높이 올라가기 위함이었지만, 성자가 자기의 자리를 떠난 것은 더 낮은 곳으로 내려가기 위함이었다. 여기서 겸손과 교만이 갈린다. 천지의 창조주요 통치자이신 하나님, 가장 지혜롭고 의롭고 공평하신 하나님이 지으시고 아시고 정해 주신 그 자리가 자기에게 너무 낮다고 생각한 마귀는 하나님이 정해 주신 그 자리를 떠나서 더 높은 곳으로 오르고자 한 것이다.

마귀의 마음을 그리스도의 마음과 비교해 보라. 그리스도는 하나님의 본체이셨지만 하나님과 동등하게 된다는 것을 자기가 취할 만한 것이라고 생각지 않으셨다. 이는 그가 겸손하시기 때문이다. 다시 말하면 그리스도는 성부가 동일한 영광과 권능을 자신과 나누는 것을 과분하게 느꼈다는 말이다. 그래서 하나님과 동등됨을 취할 것으로 여기지 않았다. 그래서 기꺼이 낮은 곳으로 내려가기로 작정하셨다. 그렇게 점점 낮은 곳으로 내려가시면서도 그리스도는 더 내려가기를 마다하지 않으신 것이다. 그래서 종의 모양을 취하시고 죽는

데까지 내려가는 것도 마다하지 않으셨다. 그리스도는 높이 오르기를 원한 것이 아니라 도리어 낮아지기를 원하신 것이다. 마귀는 어떤가? 그는 내려가기는 고사하고 도리어 높아지기를 원했다. 여기서 우리는 그리스도의 겸손과 마귀의 교만의 극명한 대비를 본다. 그리고 겸손과 교만이 어디서 갈리는지를 본다.

그런데 우리의 추론은 여기서 그치면 안된다. 마귀의 생각과 행동이 의미하는 바를 정확하게 이해하려면 한 발 더 나아가야 한다. 마귀는 원래 피조물이다. 피조물이라는 말이 함의하는 바는 창조주의 아래에 있다는 말이다. 창조주의 아래에 있다는 말은 창조주의 통치를 받고 그 뜻에 순종해야 한다는 뜻이다. 이것이 피조물이라는 말이 전제하는 것이다. 그런데 만약 피조물이 그러한 자기의 위치로 만족하지 않는다면 그를 만족시켜줄 자리는 바로 하나님의 자리밖에 없다는 것을 금방 알 수 있다. 그는 피조물로서 자기의 자리에 만족하지 않음으로써 창조주가 되려 한 것이다. 궁극적으로 그는 하나님이 되고자 한 것이다. 이 사실은 하와를 유혹한 말에서도 드러난다. 그는 하와에게 하나님같이 되는 길이 있으며 그 길을 따라가면 하나님처럼 된다고 한 것이다. 그것은 마귀의 마음이기도 했다.

타락으로 인한 사람의 교만

이것이 마귀의 교만의 본질이며 교만이 도달할 두려운 결과이다. 아담의 타락 이후 지상에 등장하는 모든 사람은 바로 이 교만을 그의 골수에 가지고 태어난다. 타락하기 이전의 아담에게는 그런 교만이 없었다. 교만이 없던 당시에 아담은 자기의 처지에 대해서 완전히 만족한 상태였다. 때 묻지 않은 그의 마음은 에덴의 아름다움과 풍요 속에서 완전히 만족하고 하나님이 시키시는 일을 충실히 수행하고 있었다. 그에게는 자기가 더 높이 올라가야 한다는 생각도 없었고, 자기가 더 많이 가져야 한다는 생각도 없었다. 그는 그런 것에 대해서 아예 의식이 없었을 수도 있다. 그는 자기에게 주어진 그것을 그대로 받고 만족하면서 하나님의 명령에 순종할 뿐이었다. 그는 하나님이 정해 주신 그의 몫과 위치로 완전히 만족한 것이다. 아담과 하와는 거기서 더 나아가 자기들이 누리고 있는 것이 실은 자기에게 과분하다는 인식에 도달했어야 한다. '내가 무엇이라고 이런 아름답고 좋은 것들을 풍요롭게 누린단 말인가' 이런 생각에 도달했어야 한다. 그렇다면 그들은 성자 예수님의 겸손, 곧 하나님의 겸손의 덕에 도달하는 것이다. 그들이 그런 경지에 도달했다면 하나님에 대한 감사가 더욱 넘쳤을 것이고 하나님을 더욱 사랑했을 것이다. 그리고 그 사랑이 더욱 깊어졌을 것이다. 이것이 아담과 하와가 나아가야 했던 길이다.

그러나 마귀가 여자를 유혹할 때 여자의 마음 속에 넣어 준 생각은, 결국 하나님이 그녀에게 주지 않은 지혜를 그녀 스스로의 결정과 힘으로 획득하라는 것이었다. 마귀는 자기가 품었던 그 생각을 그대로 품고서 은밀하게 독약을 먹이듯이 여인의 마음 속에 그 생각을 넣어 주어 그만 그 마음을 오염시켰다. 여인은 그 독에 중독되어 자신의 처지를 새로운 눈으로 바라보게 되었다. 사람에게는 더 소유할 수 있는 자리, 더 높은 자리가 있었다. 하나님은 사람들이 거기에 이르지 못하게 하기 위해서 선악과를 먹지 말라고 한 것이다. 분명히 더 좋고 더 높은 상태가 있었는데 하나님이 그것을 막고 있었다. 하나님이 그것을 막은 것은 사람이 하나님처럼 되는 것을 원치 않기 때문이었다. 가장 좋은 것, 최선의 것을 혼자 독점하기 위해서 하나님은 선악과를 금한 것이다. 이것이 뱀이 여인에게 한 말이었다. 여기서 또한 우리는 마귀가 처음에 어떻게 타락했는가 하는 단서를 읽을 수 있다. 여인은 결국 뱀의 독에 중독된 결과 마귀의 전철을 밟았고 결국 마귀의 종이 되었다. 하와는 그 독약을 아담에게도 쉽게 먹였다. 그렇게 해서 마귀의 독에 중독된 아담과 하와는 하나님이 지정하신 몫과 자리를 내팽개치고 마귀의 협력자가 되었다. 또한 그 이후의 모든 인류를 마귀의 독에 중독되도록 만들었다.

교만에 대한 하나님의 형벌

이 교만에 대해서 하나님은 방치하지 않으신다. 사람들은 교만으로 인해 마땅히 따라오는 형벌로 고통당할 수밖에 없다. 인류가 지금 당하고 있는 비극은 본질적으로 교만이 초래한 결과이다. 모든 사람은 하나님이 자기를 세상에 보내시면서 할당해 주신 몫으로 만족하지 못한다. 왜냐하면 자기는 그것보다 더 누릴 가치가 있는 존재라고 생각하는 까닭이다. 자기는 지금보다 더 소유해야 하는 존재이고 더 높이 올라가야 하는 존재이다. 자기는 그럴 가치가 있는 존재라는 생각 때문이다. 이렇게 자기의 가치를 하나님이 정해 주신 가치 곧 실제의 가치보다 더 높게 생각하는 것이 타락한 사람이 갖는 마음의 기본 경향이다. 즉 그는 아무리 높은 위치에 있고 아무리 많이 가져도 자기는 거기서 더 올라가야 하고 더 가져야 한다고 생각한다. 이는 그의 마음의 구조가 그런 까닭이다. 타락의 결과 사람의 마음이 그런 구조를 가지게 되었다. 바로 마귀의 마음의 구조이다. 그가 지금 실제로 얼마나 가졌고 어디까지 올라가 있느냐 하는 것은 문제가 아니다. 그의 마음이 문제이다. 그의 마음이 자기에 대해서 실제보다 높은 가치를 매기는 경향과 구조를 가지고 있는 한 사람은 항상 더 원할 수밖에 없다. 그가 어느 만큼 높이 올라가 있고 어느 만큼 소유했느냐가 아무 차이를 만들어 내지 못한다. 그의 마음이 항상 더 높은 것을 원하는 구조로 되어 있는 까닭이다. 인류의 비극은 바로 여기에 있다. 이는 교만에 당연히 따르는 형벌이다. 온 인류는 교만으로 인해서 비참에 처해 있는 것이다.

 그러면 그들이 궁극적으로 올라가기를 원하는 거기가 어디인가? 바로 하나님의 자리이다. 하나님이 지정해 주신 몫과 자리를 거부하고 하나님이 정해 주신 한계를 벗어나서 자기 마음대로 가는 것은 결국 하나님처럼 되겠다는 말이다. 이것은 심히 두려운 일이다. 바로 이것이 자기를 자기 이상으로 생각하는 이성적 피조물의 교만이다. 사람 이전에 마귀를 포함한 일부 천사들이 먼저 그런 상태에 빠졌고 그들의 유혹으로 사람들도 그런 상태에 빠졌다. 이 상태에서 벗어나지 못하는 한 사람은 영원히 자기 삶에 대한 불만족으로 인해서 불행한 삶을 살 뿐더러, 마귀의 종이 되어 마귀와 같은 운명에 떨어질 것이다. 우리가 교만을 소름끼치게 두려워해야 할 이유는 너무나 분명하다.

자족하지 못하는 피조물
악하고 헛된 인생의 자랑
자신의 한계를 아는 정당한 생각
교만의 다른 얼굴인 허영
당면한 문제
'자기보다 남을 낫게 여기고'의 의미
겸손에 이르는 길

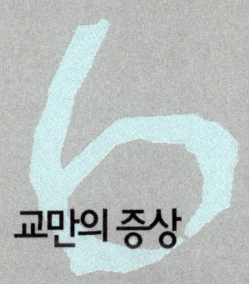

교만의 증상

다시, 겸손을 말하다

6 교만의 증상

¹하나님이 참으로 이스라엘 중 마음이 정결한 자에게 선을 행하시나 ²나는 거의 실족할 뻔하였고 내 걸음이 미끄러질 뻔하였으니 ³이는 내가 악인의 형통함을 보고 오만한 자를 질시하였음이로다 ⁴저희는 죽는 때에도 고통이 없고 그 힘이 건강하며 ⁵타인과 같은 고난이 없고 타인과 같은 재앙도 없나니 ⁶그러므로 교만이 저희 목걸이요 강포가 저희의 입는 옷이며 ⁷살찜으로 저희 눈이 솟아나며 저희 소득은 마음의 소원보다 지나며 ⁸저희는 능욕하며 악하게 압제하여 말하며 거만히 말하며 ⁹저희 입은 하늘에 두고 저희 혀는 땅에 두루 다니도다 ¹⁰그러므로 그 백성이 이리로 돌아와서 잔에 가득한 물을 다 마시며 ¹¹말하기를 하나님이 어찌 알랴 지극히 높은 자에게 지식이 있으랴 하도다 ¹²볼지어다 이들은 악인이라 항상 평안하고 재물은 더하도다 시 73:1-12.

자족하지 못하는 피조물

교만은 항상 자기를 자기 이상으로 생각하는 일을 수반한다. 원리상 교만해질 수 없는 존재는 오직 하나님 한 분이시다. 하나님은 모든 높은 것의 가장 높은 곳에 계시므로 자기 이상으로 생각할 수가 없다. 그러나 하나님 아래에 있는 모든 피조물은 교만해질 수 있다. 하나님이 아니면서 하나님처럼 행동하거나 하나님의 자리에 오르기를 원할 수 있는 까닭이다. 피조물인 마귀가 빠진 잘못이 그것이고, 오늘날 많은 사람들이 빠진 잘못도 그것이다. 자기의 위치와 자기의 하는 일로 만족하지 아니하고 자기가 미치지 못할 일을 꿈꾸거나 자기를 자기 이상의 자리에 올려 놓고 생각하는 것이다. 시편 131장 1절을 깊이 상고해 볼 일이다. "여호와여 내 마음이 교만치 아니하고 내 눈이 높지 아니하오며 내가 큰 일과 미치지 못할 기이한 일을 힘쓰지 아니하나이다." 마귀의 첫 교만이 바로 이렇게 눈이 높아서 큰 일과 미치지 못할 기이한 일을 힘쓴 것이었다.

그는 피조물로서 피조물의 위치로 만족해야 했다. 그는 창조주의 통치와 지배를 받는 위치를 지키고 그 자리에서 창조주께 순종하면서 만족했어야 한다. 그런데 그렇게 하지 않았다. 왜냐하면 자기는 그런 정도로만족할 수 없는 존재라는 생각이 들어서 그렇게 한 것이다. '나는 더 큰 일을 해야 하는 존재이다. 나는 더 높은 자리로 올라가야 하는 존재이다, 나는 더 많은 칭찬과 환호를 받아야 하는 존재이다'라고 생각했던 것이다. 그렇다면 피조물이 더 높이 올라갈 데가 어디인가? 창조주의 자리이다. 그래서 마귀는 하나님과 겨루기로 작정했던 것이다. 결국 교만이란 피조물이 하나님이 정해 주신 지위와 위치로 만족하지 않고 그 이상이 되려고 하는 것임을 알 수 있다. 이것이 성경에서 교만이라고 부르는 현상의 핵심이다.

악하고 헛된 이생의 자랑

교만의 증상 중 사람들이 잘 빠지는 함정이 '이생의 자랑' 이라는 말로 표현되는 상태이다. 요한일서 2장 16절에 그 표현이 등장한다. "이는 세상에 있는 모든 것이 육신의 정욕과 안목의 정욕과 이생의 자랑이니 다 아버지께로 좇아 온 것이 아니요 세상으로 좇아 온 것이라." 여기 '이생의 자랑' 에서 '이생' 이라는 말은 헬라어로 '비오스 βίος 인데, 이 말은 '이 세상에서 사람이 가지고 사는 생명' 이라는 말이다. 그러므로 '이생의 자랑' 이라는 말은 '이 세상에서 자기가 가지고 있는 그 생명을 자랑한다' 는 말이다. 그것은 자기의 생명을 든든하게 생각하고 그것을 기뻐하고 신뢰한다는 말이다. 그러면 이렇게 자랑하는 것이 왜 문제가 되는가? 그것이 헛된 자랑인 까닭이다. 우선 그 생명이 자기의 것이 아니며 자기가 마음대로 할 수도 없기 때문이다. 그러므로 자기의 생명을 스스로 의지하고 신뢰하고 자랑스럽게 생각하는 사람은 자기 것이 아닌 것, 자기가 마음대로 할 수도 없는 것을 가지고 자랑하는 셈이니 우스운 일이다.

야고보서 4장 13-17절이 그것을 증언한다. 이 단락은 우리가 세상에서 익히 보는 사람들의 전형적인 생활 방식을 보여 주면서 그것이 얼마나 헛된 자랑이고 또한 얼마나 악한지를 보여 준다.

"들으라 너희 중에 말하기를 오늘이나 내일이나 우리가 아무 도시에 가서 거기서 일 년을 유하며 장사하여 이를 보리라 하는 자들아 내일 일을 너희가 알지 못하는 도다 너희 생명이 무엇이뇨 너희는 잠깐 보이다가 없어지는 안개니라 너희가 도리어 말하기를 주의 뜻이면 우리가 살기도 하고 이것저것을 하리라 할 것이거늘 이제 너희가 허탄한 자랑을 자랑하니 이러한 자랑은 다 악한 것이라 이러므로 사람이 선을 행할 줄 알고도 행치 아니하면 죄니라."

이 단락에 등장하는 주인공들은 '오늘이나 내일이나 우리가 아무 도시에 가서 거기서 일 년을 유하며 장사하여 이를 보리라' 고 생각하는 사람들이다. 오늘날로 말하면 무역을 하는 사람들이다. 무역을 해서 돈을 벌려면 상당한 시간이 필요하다. 이 나라에는 흔하지만 다른 나라에는 귀한 물건을 가지고 그 나라로 가서 팔면 상당한 돈을 벌 수 있다. 그리고 그 나라에는 흔하지만 이 나라에는 귀한 물건을 가지고 이 나라로 와서 팔면 또한 이익을 많이 남길 수 있다. 지금 여기 있는 사람들은 그렇게 해서 돈을 벌 계획을 세우고 있다. 이런 사람들을 여기에 묘사해 놓고서 그들이 품고 있는 생각의 근본적인 성격을 보여 준다.

우선 그 사람들은 중요한 사실을 생각지 못하고 있다. '내일 일을 너희가 알지 못하는도다 너희 생명이 무엇이뇨 너희는 잠깐 보이다가 없어지는 안개니라.' 여기 무역을 해서 돈을 벌겠다고 말하는 사람들은 자기들의 생명이 보장되지 않았다는 사실을 계산에 넣지 않고 있는 것이다. 자기들은 언제든지 죽을 수 있다는 것, 곧 잠깐 보이다가 없어지는 안개와 같다는 사실을 고려하지 않고 있다. 이런 삶의 실상을 고려하지 않고 그들은 마치 자기들의 힘과 노력으로 자기들의 생명을 스스로 연장할 수 있는 것처럼 생각하고 있다. 지금 자기가 가지고 있는 생명을 자랑하고 있는 것이다. 그것이 전혀 자랑할 만한 것이 아니라는 사실, 자기가 마음대로 할 수 없다는 사실을 깊이 인식하는 것이 마땅함에도 불구하고 이들에게는 그런 정신이 없다. 그들은 자기 생명의 주인이 자기인 것처럼 생각하고 스스로 노력하면 자기 생명을 보존할 수 있는 것처럼 생각한다. 이것이 그들의 중요한 착각이다.

> 생명의 주인이 자기라서 노력하면 생명을 보존할 수 있는 것처럼 생각

그들은 이렇게 생각해야 한다. '주의 뜻이면 우리가 살기도 하고 이것저것을 하리라. 그것이 사람이 마땅히 품어야 하는 생각이다. 궁극적으로 사람이 사는 것은 자기의 노력과 자기의 재주에 의해서 사는 것이 아니다. 그들은 오직 창조주의 뜻에 의해서만 사는 것이다. 창조주 하나님이 그들을 땅에 두기로 하시니까 사는 것이다. 하나님이 그들을 데려가시기로 작정하면 그들의 생명은 그 순간 땅에 없는 것이다. 그럼에도 불구하고 그들은 그렇게 생각하지 않고 자기 생명의 주인은 자기 자신이려니 하고 산다. 야고보는 그러한 생각을 가리켜서 '이제 너희가 허탄한 자랑을 자랑하니 이러한 자랑은 다 악한 것이라'고 지적하고 있다. 자기 생명에 대한 그들의 태도는 허탄한 자랑이다. 즉 실제가 그렇지 않은데 그런 것처럼 주장하는 것이다. 그것은 근거가 없는 허망한 자랑이다.

그런데 이런 자랑은 단순히 허망하기만 한 것이 아니라 악한 것이다. 그 생각이 피조물의 한계를 벗어났다는 점에서 악하다. 그는 자기에 대해서 마땅히 생각해야 할 정도를 벗어나 있다. 그렇게 생각하는 것이 하나님을 무시하는 것인 까닭에 그렇게 생각하면 안 된다. 피조물이요 하나님이 주신 생명으로 사는 인생들은 마땅히 그의 생각에 하나님을 중요하게 고려해야 한다. 자신의 존재와 생명이 하나님 안에서만 가능하다고 생각해야 한다. 그것이 그에게 마땅한 생각이고 따라서 정당한 생각이다. 그런데 이 사람들은 그렇게 하지 않고 있다. 교만하게도 자기의 주제를 넘어서 생각하고 있는 것이다. 마치 자기가 하나님이나 된 것처럼 생각하고 있다. 생명의 주인인 하나님의 자리를 자기가 차지하고 있다고 말하는 셈이다. 그래서 그런 생각은 악한 것이다.

야고보서 4장 16절과 요한일서 2장 16절에서 사용된 '자랑'이라는 말은 같은 단어이다. 그 헬라어 '알라조네이아' $\mathit{ἀλαζονεία}$는 원래 전장에서 크게 소리를 지른다는 말에서 나왔다. 고대에는 전쟁을 하기 전에 먼저 양편 군대가 대치하게 된다. 이런 상태에서는 사기를 올리는 것이 가장 중요하다. 사기를 잃고 기가 꺾인 군대는 이미 오합지졸이 되어 싸워 보나마나 패하게 되어 있다. 그래서 군대는 사기를 진작하기 위해서 와 하고 소리를 지르는 것이다. 이것은 상대방에게 '나를 두려워해라' 하고 소리치는 것이다. 그러므로 그것은 일종의 허세라고 볼 수 있다. '알라조네이아'라는 이 헬라어가 그런 의미에서 헛된 자랑이다. 실제로 자기에게 있으면서 자랑을 한다면 그것은 헛된 자랑이 아니다. 그것이 자기 것이 아니고 자기에게 권리가 없는데도 자랑한다면 그것은 헛된 자랑이다. 그런데 사람이 자기 생명에 대해서 그렇게 하고 있다는 것이다. 자기의 것이 아닌 생명을 가지고 그것이 마치 자기 것인 양 생각하고 온갖 계획을 세우고 찬란한 미래를 꿈꾸는 것이 많은 사람들이 빠져 있는 어리석고 악한 상태이다.

성경에 나타난 또 다른 좋은 예는 누가복음 12:16-21에 기록된 어리석은 부자의 비유이다. 이 비유는 너무나 잘 알려져서 새로 해석하지 않더라도 잘 알고 있을 것이다. 이 사람은 갑자기 불어난 큰 재산을 놓고 마음 속으로 자기의 행복한 미래를 꿈꾸고 있다. 그런데 이 사람이 미처 생각지 못한 것이 있다. 그것은 자신이 미래에 대해서 아무 것도 확보하지 못했다는 사실이다. 그 미래는 자기의 것도 아니고 자기의 통제하에 있는 것도 아니다. 그것은 자기가 아닌 하나님의 것이다. 그런데 이 사람은 마치 그 미래가 자기에게 확보되어 있기나 한 것같이, 그것이 자기의 통제하에 있기나 한 것같이 생각하고 있다. 그 미래의 주인이 자기가 아니라는 것, 곧 자기 생명의 주인이 자기가 아니라는 데에 생각이 미치지 못하고 있다. 왜 그러한가? 어리석어서 그런 것이다. 그래서 주님께서는 그를 '어리석은 자'라고 하셨다. 그의 어리석음을 지적하는 주님의 말씀은 촌철살인의 힘이 있다. "어리석은 자여 오늘 밤에 네 영혼을 도로 찾으리니 그러면 네 예비한 것이 뉘 것이 되겠느냐" 눅 12:20. 어리석은 결과 그는 분에 넘치는 생각을 하고 있다. 야고보서가 악하다고 지적한 바로 그 생각을 이 어리석은 부자가 하고 있는 것이다.

자신의 한계를 아는 정당한 생각

지혜가 있는 사람이라면 '만약 하나님께서 나를 살려 두신다면 내가 그것들을 즐길 수 있을 것이다' 라고 생각해야 한다. 그런데 만약 이렇게 자기 생명이 하나님의 것이라는 생각을 하는 사람이라면 마냥 그것을 즐길 궁리만 하지는 않을 것이다. 자기의 생명과 미래가 자기 것이 아니라고 생각하는 사람의 생각은 거기서 한 발 더 전진하여 자기의 생명이 자기 것이 아니므로 자기의 모든 소유도 자기 것이 아니라고 생각하는 데로 발전할 것이다. 그것은 하나님의 것이므로 그것을 어떻게 사용하는 것이 하나님의 뜻에 합당한 것인가를 물을 것이다. 이런 과정을 거쳐서, 허탄한 자랑이 없이 겸손한 마음으로 하나님을 인정하는 사람은 한 발 한 발 하나님의 뜻을 향하여 나아가는 것이다. 누가는 이렇게 하지 않는 어리석은 사람이 세상에서 사는 특징을 이렇게 묘사했다. "자기를 위해서 재물을 쌓아 두고 하나님께 대하여 부요치 못한 자가 이와 같으니라" 눅12:21. 하나님의 일에 인색한 사람이 어떤 사람인가 하면 이런 어리석은 부자와 같은 사람이다. 그는 허탄한 자랑을 하는 어리석은 사람이다. 그래서 결국 자기에 대해서는 아낌없이 쓰면서 하나님의 일에 대해서는 인색한 사람이 되는 것이다. 왜 그런가 하면 그가 자기의 소유를 자기 것이라고 생각하는 까닭이다. 이렇게 생각하는 것은 자기의 생명이 자기 것이라고 생각해서 그렇다. 여기서도 우리는 교만이 그런 악덕을 만들어 내는 것을 볼 수 있다.

　야고보서 4장 13-17절에서 이생의 자랑에 빠진 사람과 누가복음 12장 16-21절에 묘사된 어리석은 부자에게서 발견되는 공통점은 그들이 헛된 자랑을 한다는 것이다. 사실이 아닌 것을 사실인 것처럼 생각하고 있는 것이다. 그것은 자기 인생의 주인이 누구냐 하는 문제와 관련되어 있다. 위의 두 단락에서 묘사하는 두 유형의 사람들은 궁극적으로 자기 생명에 대해서 헛된 자랑을 자랑하고 있다. 그런 의미에서 그들은 어리석은 사람들이다. 바로 이것이 그들을 교만하게 만든다. 그들은 하나님이 정해 주신 삶의 한계를 인정하지 않으며, 오로지 하나님만이 주장하실 수 있는 삶의 미래에 대해서 자기가 권리를 주장하고 있다. 그런 면에서 그들은 자기들이 하나님의 자리를 차지하고 있는 것이다. 하나님을 인정하지 않는 모든 사람이 근본적으로 교만한 것이 바로 이런 까닭이다.

　자기 삶에 대해서 허탄한 자랑을 자랑하는 이런 사람들의 삶의 방식에는 공통점이 있다. 그것이 야고보서 4장 17절에서는 "이러므로 사람이 선을 행할 줄 알고도 행치 아니하면 죄니라"는 말로 표현되어 있다. 그리고 어리석은 부자의 경우에는 "자기를 위하여 재물을 쌓아 두고 하나님께 대하여 부요치 못한 자가 이와 같으니라"눅 12:21고 경고한다. 그들은 선을 행할 줄 알면서도 선을 행하지 않는다. 동시에 그들은 자기를 위해서 재물을 쌓아 두면서 하나님께 대해서는 인색하다. 자기를 위해서 돈을 쓸 때에는 손이 크고 아낌없이 쓰면서도 이웃의 고통을 덜어 주기 위해서 자기의 것을 나누는 일, 혹은 하나님의 일을 위해서 자기 것을 내어놓는 면에서는 한없이 인색해지는 것이다. 이런 생활 방식이란 결국 그 사람이 교만한 사람임을 증명할 뿐이다.

이렇게 해서 우리는 교만의 한 가지 증상을 알게 되었다. 그는 하나님이 정해 주신 한계 내에서 생각하지 않는다. 하나님이 정해 주신 한계 내에서 생각한다면 자기 생명이 자기 것이 아니라고 생각하고 생명의 주인이신 하나님을 인정하고 그의 통치와 지도하에서만 살아야 한다고 생각할 것이다. 그렇게 하면 이제 그는 선행을 하기 시작하고 하나님과 이웃에게 인색하지 않은 생활의 길로 들어갈 것이다. 그러나 이렇게 자기의 한계를 인식하고 그 안에서 생각하지 않는 사람 곧 교만한 사람은 악한 사람이다. 이 악의 결과로 인해 그는 선을 행할 줄 알면서도 행하지 않는다. 그리고 하나님과 이웃에게 인색한 삶을 사는 것이다. 교만이 사람을 악으로 인도하는 명확한 과정을 여기서 볼 수 있다.

교만의 다른 얼굴인 허영

우리가 '알라조네이아'라는 헬라어에서 본 것처럼 교만은 헛된 자랑과 관계가 있다. 여기서부터 우리는 교만과 허영이 밀접하게 관련되어 있지 않을까 하는 짐작을 하게 된다. 그런데 우리가 성경을 살펴보면 실제로 교만이 허영 곧 헛된 영광을 추구하는 마음과 밀접하게 관련된 것을 알게 된다. 사도 바울은 로마서 1장 30절에서 죄악을 열거하는데 거기 보면 "비방하는 자요 하나님의 미워하시는 자요 능욕하는 자요 교만한 자요 자랑하는 자요 악을 도모하는 자요 부모를 거역하는 자요"라고 되어 있다. 이 구절에서 사도는 교만과 관련된 세 가지 단어를 사용하고 있다. 능욕하는 자, 교만한 자, 자랑하는 자가 그것이다.

'자랑하는 자' 라는 말은 '알라존' ἀλαζών 인데, 바로 우리가 앞에서 본 '알라조네이아' 와 같은 의미의 단어이다. 그러므로 '자랑하는 자' 라는 말은 '헛된 자랑을 하는 자', 혹은 '자기를 자기 이상으로 생각하는 자' 라는 뜻이다. '능욕하는 자' 라는 말은 헬라어의 '휘브리스테스' ὑβριστής 이다. 이 단어는 고대 그리스에서 교만이라는 의미로 사용되던 단어이다. 특별히 자신에 대한 자부심이 아주 강해서, 다른 사람에 대해서 모욕적인 언사를 계속 사용하거나 다른 사람에게 부끄러운 악행을 저지르는 사람을 가리키는 말이다. 그래서 우리 한글 성경에서는 '능욕하는 자' 라고 번역했다. 그런 행동을 하는 사람을 가리킬 때 사용하는 단어가 이 '휘브리스테스' 이다. 이것은 특별히 신의 뜻에 저항하여 형벌을 자초하는 인간의 교만을 지칭하는 단어이기도 하다. 프로메테우스가 신의 뜻을 거스르고 인간에게 불을 가져다 주었을 때의 행동을 가리킬 때에 이 단어가 사용되었다. 고대 그리스 사상에서도 교만이 신의 뜻에 대한 저항이라는 기본 개념을 가지고 있었음을 추측하게 한다. 그 다음으로 사도가 하는 말은 '교만한 자' 이다. 여기서 사용된 단어 '휘페레파노스' ὑπερήφανος 의 원래 의미는 '다른 사람들 위에 솟아난다, 우수하다' 는 뜻이다. 어떤 사람을 가리켜서 대단히 우수한 사람이라고 말할 때에 이 단어를 사용했다. 그러므로 이 단어 자체로는 도덕적으로 악하다는 의미가 없다. 그러나 이 단어가 도덕적인 의미로 사용될 때에는 '교만하다'는 의미를 가지게 된다. 즉 '자기를 다른 사람들 위에 놓는다, 다른 사람들 위에 높이 솟아 있는 것으로 간주한다'는 말이다. 그래서 '자신의 수단이나 공로에 대해서 높은 평가를 내리면서 다른 사람을 무시하거나 깔보는 것, 콧대가 높은 것' 등의 의미를 가진다. 야고보서 4장 6절에 "그러나 더욱 큰 은혜를 주시나니 그러므로 일렀으되 하나님이 교만한 자를 물리치시고 겸손한 자에게는 은혜를 주신다 하였느니라"에서 '교만한 자'가 바로 '휘페레파노스'이다. 이 동일한 단어는 또한 베드로전서 5장 5절에 사용되었다. "젊은 자들아 이와 같이 장로들에게 순복하고 다 서로 겸손으로 허리를 동이라 하나님이 교만한 자를 대적하시되 겸손한 자들에게는 은혜를 주시느니라." 여기 '교만한 자'도 '휘페레파노스'이다. 이 두 구절은 잠언 3장 34절의 "진실로 그는 거만한 자를 비웃으시며 겸손한 자에게 은혜를 베푸시나니"를 인용한 것이다.

　이와 같이 교만하다는 것은 자기에 대한 평가와 관련된 것임을 알 수 있다. 자기를 항상 높은 존재로 생각하는 것, 혹은 다른 사람과 비교할 때 언제나 자기가 다른 사람보다 더 훌륭하다, 혹은 더 낫다고 생각하는 것이다. 그래서 '알라조네이아'와 교만이 원리상 동일한 의미를 가진다. 이것은 그 사람이 실제로 훌륭한가 아닌가 하는 문제가 아니라 자기 자신이 자기에 대해서 내리는 평가의 문제이다. 그는 실제로 훌륭한 사람일 수도 있고, 그렇지 않은 사람일 수도 있다. 그의 실제와 무관하게 그는 자신이 다른 사람보다 낫다고 생각하는 것이다. 그리고 이렇게 생각하는 사람에게서 반드시 나타나는 태도가 다른 사람을 얕잡아 보는 것이다. 자기 생각에 사로잡혀서 다른 사람의 말에 귀를 기울일 여유가 없고, 설사 기울인다고 하더라도 그 사정을 헤아릴 여유가 없다. 그래서 교만한 자는 온유하게 되지 못한다. 신약성경에서 교만과 관련된 모든 단어가 바로 그런 의미를 가지고 있다.

교만의 이런 성격을 잘 나타내는 단어가 '케노독시아' κενοδοξία이다. 이 단어는 글자 그대로 '빈 영광'이다. 이 단어가 빌립보서 2장 3절의 "아무 일에든지 다툼이나 허영으로 하지 말고 오직 겸손한 마음으로 각각 자기보다 남을 낫게 여기고"에서 '허영'이라는 말로 번역되었다. 여기서 사도는 두 가지 상태 곧 '다툼과 허영으로' 무엇을 하는 것과 '겸손한 마음으로 자기보다 남을 낫게 여기는 것'을 대비한다. 사도는 의도적으로 허영과 겸손을 대비하고 있다. 곧 마음이 교만하면 허영을 좇는 것이다. 허영을 좇는 마음이 있으면 거기에 반드시 다툼이 일어나게 되어 있다. 사도 바울도 갈라디아서 5장 26절에서 "헛된 영광을 구하여 서로 격동하고 서로 투기하지 말지니라"고 경고한다. 여기서도 헛된 영광과 마찰과 질투를 연결시킨다. 동시에 사도 바울은 겸손한 마음을 자기보다 남을 낫게 여기는 마음으로 부연 설명한다. 여기서 사도는 겸손의 본질을 말하면서 동시에 교만의 본질이 무엇인지를 보여 준다. 교만이란 자기를 다른 사람의 위에 위치시키는 것이다. 우리가 지금까지 몇 가지 헬라어 단어의

> 자기를 남보다 위에
> 두는 것은 교만,
> 남을 자기보다 위에
> 두는 것은 겸손

의미를 조사하면서 보아온 것과 일치한다. 결국 자기 평가가 문제이다. 자기를 다른 사람보다 위에 두는 것이 교만이고, 남을 자기보다 위에 두는 것이 겸손이다.

여기서 우리는 교만이 사람을 죄악으로 이끄는 또 하나의 매커니즘을 본다. 교만한 사람은 자신을 높은 존재로 간주한다는 것이다. 자기에 대한 이런 높은 평가는 필연적으로 사람들의 칭찬과 환호, 곧 영광을 추구하게 만든다. 자기가 높은 존재이므로 그에 걸맞은 대접을 받아야 한다고 생각하는 것이다. 만약 자기가 그런 칭찬과 환호와 영광을 받을 만한 사람이 못 된다고 생각한다면 그런 것을 추구하지 않을 것이다. 그렇게 생각하는 사람은 정당하게 생각하는 것이다. 왜냐하면 칭찬과 환호와 영광을 받기에 합당한 분은 오직 하나님 한 분인 까닭이다. 하나님만이 영원히 존재하는 분이고 모든 능력의 원천이다. 그런 까닭에 칭찬을 받거나 영광을 받을 분은 오로지 하나님 한 분뿐이시다. 사람은 어떤 경우에도 영광을 받을 만하지 않다. 이렇게 생각하는 것이 피조물에게, 더욱이 뼈 속까지 타락한 죄인에게 합당한 생각이다. 그런데도 그렇지 않은 사람들이 있다. 자기에 대한 평가가 높아서 지금 자기가 받는 대우로는 만족할 수 없다고 느끼는 사람들이다. 자기에게 합당한 대우는 지금보다 훨씬 높아야 하고 사람들은 지금보다 훨씬 자기를 칭찬해야 한다고 생각한다. 그리고 사람들은 지금보다 훨씬 자기 말에 고분고분해야 하고 자기 앞에서 굽실거려야 한다고 생각한다. 자기는 그렇게 높은 존재이기 때문이다. 어디서 많이 들어본 이야기 같지 않은가? 바로 사단이 처음에 그런 생각 때문에 결국 원수요 대적자가 된 것이다. 그러므로 그렇게 자기에 대한 높은 평가를 가지고 다른 사람들의 환호와 칭찬과 영광을 추구하는 사람은 마귀의 정신을 받아 가지고 마귀의 뒤를 좇고 있는 것이다.

그런 정신하에서 그들은 영광을 추구해 나간다. 물론 그것은 헛된 영광이다. 그들은 그 영광을 받을 만하지 못하다. 그럼에도 불구하고 그들은 자기에게 어울리지 않는 영광을 추구해 나가는 것이다. 헛된 영광은 두 가지 면에서 헛되다. 첫째로 모든 영광을 하나님이 받아야 하는데 그들이 받겠다고 나서므로 결국 영광은 받지 못하고 만다. 그래서 그들은 헛된 노력을 기울이면서 삶을 낭비하게 된다. 둘째는 이 세상에서 실제로 사람들은 다른 사람들의 칭찬과 환호와 영광을 받는 것처럼 보인다. 그러나 그것은 실체가 없는 영광이다. 사람의 칭찬과 환호가 무슨 의미가 있는가? 그것이 얼마나 항구적인 가치가 있는가? 그것이 영원한 하나님 나라까지 연결되는 무엇인가? 이 세상에서 사람의 칭찬과 환호와 영광을 받은 것이 하나님의 법정에서 무슨 효과가 있겠는가? 하나님 앞에 섰을 때 누가 하나님을 향해서 '세상에서 사람들이 나를 칭찬하고 높이 대우했으므로 하나님도 그 점을 좀 참고해 주십시오'라고 말할 수 있겠는가? 그런 의미에서 그것은 헛된 영광이다. 참된 칭찬은 하나님으로부터 받아야 한다. 그것이 진정한 영광이고 영원한 효과가 있는 칭찬이다. 그러므로 지혜롭고 겸손한 사람은 '잘하였도다 착하고 충성된 종아'

라는 그 칭찬만을 기대하는 법이다.

그런데 그런 겸손을 몸에 익히지 못하고 자기의 연약과 한계를 깨닫지 못하는 사람들은 곧장 허영을 추구한다. 이렇게 허영을 추구하는 사람들이 모인 곳에서는 반드시 싸움이 나게 되어 있다. 권력과 영광이란 배타적 가치이다. 한 사람이 그것을 가지면 다른 사람은 가질 수 없다는 의미에서 배타적이다. 돈도 마찬가지이다. 돈도 한 사람이 많이 가지면 다른 사람 가지지 못한다. 그런 까닭에 돈이나 권력을 추구하면 그 과정에서 반드시 경쟁이 생기고 경쟁이 격해지면 싸움이 일어난다. 이것이 바로 허영을 추구하는 사람들이 서로 싸우는 이유이다. 자기보다 못한 사람이 자기가 받아야 하는 영광을 받고 있으니 마음이 편치 못하다. 그러니 그 사람의 영광을 빼앗아 와야 한다. 그러나 그것을 쥐고 있는 사람 편에서는 그것을 받을 만한 사람은 자기밖에 없다. 그러니 빼앗기지 않으려 한다. 이렇게 해서 영광을 놓고 다투는 것이다. 그런 상태를 가리켜서 사도 바울은 헛된 영광을 추구하여 다투지 말라고 가르친 것이다.

이 세상 사람들, 성경도 하나님도 알지 못하여 자기 생명이 자기 것인 줄 알고 저 잘난 맛에 사는 사람들이 허영을 추구하는 것은 비록 그것이 악한 것이기는 하지만 이해할 수는 있다. 그들에게는 그것밖에 없는 까닭이다. 물론 세상에서도 삶에 대한 진실을 깨닫고 인간의 연약을 깨달은 사람들은 그런 허영이 부끄러운 줄 안다. 그런데 교회 내에서, 신자들의 사회 속에서까지 그렇게 허영을 추구한다면 참으로 괴이한 일이 아닐 수 없다. 허영을 추구하면서 신자끼리 서로 헐뜯고 싸우는 일이 어떻게 있을 수 있는가?

사도 바울은 빌립보 교회 내에 그렇게 허영을 추구하면서 서로 반목하고 싸우는 수치스러운 일이 있음을 알고 있었다. 그래서 사도는 그리스도의 마음을 본받으라고 하면서 "아무 일에든지 다툼이나 허영으로 하지 말고 오직 겸손한 마음으로 각각 자기보다 남을 낫게 여기라"고 권면하는 것이다.

당면한 문제

그런데 '이제 우리 모두 자기보다 남을 낫게 여기십시다' 하고 구호를 외치고 나서 집에 가서 가만히 생각해 보면 문제가 단순치 않다는 것을 금방 알게 된다. 이것은 구호만으로 해결될 성질이 아니다. 이는 남을 나보다 낫게 여기기가 그렇게 쉽지 않은 까닭이다. 아무리 뜯어보고 평가해 봐도 저 사람보다 내가 더 낫다는 생각이 마음 속에서 끊임없이 솟아오르는 것을 어떻게 하느냐 하는 문제가 있다. 아무리 상대방을 나보다 낫다고 보아 주려고 해도 상대방이 나보다 영 형편없어 보이는데 어떻게 하겠는가? 또한 나만이 아니라 다른 모든 사람이 형편없게 여기는 사람에 대해서 그 사람이 나보다 낫다고 생각한다는 것은 부정직하고 심지어 자기 기만이 아니냐 하는 생각이 들기도 할 것이다. 그런 경우에는 차라리 내가 저 사람보다 낫다고 생각하고 그 사람을 확 무시해 버리는 것이 속편할 뿐만 아니라 정직한 것이 아닌가, 자기보다 못한 사람을 자기보다 낫다고 생각하기 위해서 노력하는 것이 도리어 위선이 아닌가 하는 생각까지 들 수 있다.

사도 바울이 말하는 바 '남을 나보다 낫게 여기라' 는 이 명령이 우리에게 어려운 이유가 바로 이것이다. 그러므로 우리는 사도의 이 명령을 '사람을 잘 선별해서 자기보다 나은 사람에 대해서는 낫게 여기고 자기보다 못한 사람에 대해서는 자기를 낫게 여기라' 는 명령으로 해석해야 하는가 하는 문제가 발생한다. 만약 그렇게 하면 이 명령을 지키기가 훨씬 쉬울 것이다. 우리는 살면서 어떤 사람들에 대해서는 분명히 그가 나보다 낫다는 생각이 드는 사람이 있는 까닭이다. 그런 사람에 대해서는 굳이 그를 나보다 낫게 여기기 위해서 애를 쓸 필요가 없다. 애쓸 것도 없이 그 앞에 가면 고개가 숙여지는 까닭이다.

그런데 사도의 이 말을 그렇게 해석하는 것은 사도의 의도를 가장 크게 오해하는 것이다. 지금 사도는 자기보다 나은 사람과 못한 사람을 구분해서 어떤 때는 자기를 남보다 낫게 여기고, 어떤 때는 남을 자기보다 낫게 여기라고 말하는 것이 아닌 까닭이다. 사도의 말은 단순히 자기보다 남을 낫게 여기라는 말이다. 그러면 여기서 사도가 요구하는 것이 정확히 무엇이며 어떻게 하면 우리가 그렇게 될 수 있을까?

'자기보다 남을 낫게 여기고'의 의미

여기 사도 바울이 사용하는 단어는 헬라어 '휘페레코 $\iota\pi\epsilon\rho\epsilon\chi\omega$ 이다. 이 단어는 자동사로 사용되면 '어떤 것의 위에 있다, 높은 지위에 있다, 권위 있는 자리에 있다'라는 의미를 가지며, 타동사로 사용되면 '어떤 사람보다 위에 둔다, 어떤 것의 위에 둔다'는 의미의 단어이다. 그러므로 이 말을 풀어 보면, '서로에 대해서 상대방을 자기보다 위에 있는 것으로 간주하라'는 말이다. 아이들 말로 하면, 서로 상대방을 자기보다 높은 사람으로 생각하라는 말이다. 자기가 상대방보다 위에 있다는 생각을 가지고 행동하지 말고 자기를 상대방의 아래에 있다고 생각하고 행동하라는 의미이다. 하나님께서 저 사람을 내 위에 두셨으며, 나는 그를 섬겨야 할 위치에 있다고 생각하라는 것이다. 이것은 두 사람 사이에 누가 지식이 많고 적고 누가 인격이 훌륭하고 훌륭하지 않고 하는 문제가 아니다. 상대방을 높이고 상대방을 섬겨야 하는 역할이 누구에게 주어졌느냐 하는 문제이다. 그러므로 개인의 내적 가치의 문제라기보다는 자기에게 주어진 역할의 문제라고 보아야 한다. 사도 바울은 모든 사람이 바로 그런 태도를 가지라고 권한다. 모든 사람이 자기는 다른 사람보다 아래에서 그 사람을 섬기는 일을 맡았다고 생각하라는 것이 사도의 요구이다.

> 다른 사람보다 아래에서 다른 사람을 섬기는 일을 맡았다고 생각하라

이 말씀은 주님의 가르침을 생각나게 한다. "가버나움에 이르러 집에 계실 새 제자들에게 물으시되 너희가 노중에서 서로 토론한 것이 무엇이냐 하시되 저희가 잠잠하니 이는 노중에서 서로 누가 크냐 하고 쟁론하였음이라 예수께서 앉으사 열두 제자를 불러서 이르시되 아무든지 첫째가 되고자 하면 뭇사람의 끝이 되며 뭇사람을 섬기는 자가 되어야 하리라 하시고" 막 9:33-35. 여기서 주님

의 말씀이 바로 이것이다. 다른 사람을 자기 위에 두라는 것이다. 하나님이 자신을 그 사람의 아래 곧 그 사람을 섬기는 자리에 두셨다고 생각하라는 것이다. 그것이 바로 끝이 되며 섬기는 자가 되라는 말이다. 그러므로 사도 바울이 빌립보서에서 가르치는 것은 주님의 말씀을 빌립보 교회의 상황에서 자신의 말로 풀어서 설명한 것임을 알 수 있다.

겸손에 이르는 길

이 장에서 우리는 사람의 속에 뿌리 깊게 자리 잡은 교만이 어떤 증상으로 나타나는지를 보았다. 첫째 증상은 자기 생명의 주인을 자기라고 생각하는 것으로 이것이 왜 주제넘은 생각인지를 보았다. 이것은 자기를 자기 이상으로 생각하고 자기의 위치와 자기의 가치에 대해서 합당한 정도로 생각하지 않는다 점에서 교만의 한 표현이다. 이 증상을 가진 사람의 특징은 하나님과 사람에 대해서 인색하며 선을 행할 줄 알면서도 행하지 않는다는 것이다. 무엇이 선이고 어떻게 해야 한다는 것을 뻔히 알면서도 하지 않는다. 그 이유는 그가 교만하기 때문이다. 둘째 증상은 허영으로 이 세상에서 사람들의 칭찬과 영광을 추구해 나가는 것이다. 이렇게 추구해 나가는 이유는 자기가 그럴 만한 가치가 있는 존재라고 생각하기 때문이다. 이것은 가소롭고도 위험한 생각이 아닐 수 없다. 모든 영광은 하나님의 몫인 까닭이다. 모든 칭찬은 하나님에게 돌아가야지 사람이 칭찬을 받는다는 것은 결국 하나님의 것을 가로채려는 시도이다. 이런 점에서 볼 때 허영을 추구하는 사람은 마귀가 하는 일을 그대로 따라가고 있는 셈이다.

이에 비해서 겸손은 다른 사람을 자기의 위에 두는 것이다. 이것은 지식이나 인격이나 소유의 문제가 아니라 자기에게 맡겨진 역할의 문제이다. 자기는 다른 사람 위에 높이 들려서 칭찬과 환호와 영광을 받아야 할 사람이거나, 다른 사람의 섬김을 받아야 할 만한 사람이라고 생각하지 않아야 한다. 도리어 다른 사람의 아래에서 그들을 섬기는 몫이 자기에게 주어졌다고 생각해야 한다. 다른 사람들이 자기의 이익을 위해서 봉사해야 하는 것이 아니라 내가 다른 사람의 이익을 위해서 봉사해야 한다고 생각해야 한다. 이것이 겸손한 마음이고 그리스도의 마음의 근본적 성격이다. 그리스도는 그렇게 생각하셨고 그것을 실천으로 보이셨다. 이것은 신비한 하나님의 겸손이다. 이 겸손을 묵상하고 배우는 것이 사람이 겸손에 이르는 길이다.

교만을 두려워해야 하는 이유

교만한 자의 궁극적인 말로

사람은 자기가 의지하는 것을 자랑함

벨사살 왕의 패망

사울의 패망

사울이 맞이한 비참한 최후의 원인

압살롬의 패망

웃시야의 교만

7

교만한 자의 말로

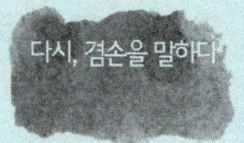
다시, 겸손을 말하다

7 교만한 자의 말로

¹⁸교만은 패망의 선봉이요 거만한 마음은 넘어짐의 앞잡이니라 ¹⁹겸손한 자와 함께하여 마음을 낮추는 것이 교만한 자와 함께하여 탈취물을 나누는 것보다 나으니라 잠 16:18-19.

교만을 두려워해야 하는 이유

성경이 교만에 대해서 심각하게 경고하는 것을 우리는 다 알고 있다. 그러나 교만이 나쁜 것이라는 정도의 미미한 인식 가지고는 부족하다. 우리가 필사적으로 겸손을 추구하기 위해서는 교만하게 되는 것에 대해서 크게 두려워해야 한다. 자신에게 교만이 난치병처럼 박혀 있으며, 그 병을 고치지 않고 그 결국이 어떻게 두려운 일임을 알지 못하면 겸손을 향해서 한 발도 떼어놓지 못할 것이다. 우리는 완고하고 죄성에 절어 있는 사람들인 까닭에 두려워하는 마음이 없이는 좀처럼 잘못을 고치려 하지 않는다. 아이들이 회초리를 들기

전에는 좀처럼 자기의 잘못을 고치려 하지 않는 것과 유사하다. 그것은 아이들 속에 스스로 죄를 버리고 선을 취할 능력이 없는 까닭이다. 사도 바울이 그것을 잘 표현하였다. "기록한 바 의인은 없나니 하나도 없으며 깨닫는 자도 없고 하나님을 찾는 자도 없고 다 치우쳐 한 가지로 무익하게 되고 선을 행하는 자는 없나니 하나도 없도다 저희 목구멍은 열린 무덤이요 그 혀로는 속임을 베풀며 그 입술에는 독사의 독이 있고 그 입에는 저주와 악독이 가득하고 그 발은 피 흘리는 데 빠른지라 파멸과 고생이 그 길에 있어 평강의 길을 알지 못하였고 저희 눈앞에 하나님을 두려워함이 없느니라 함과 같으니라" 롬 3:10-18. 하나님께서 시내산에서 모세를 통하여 십계명을 내리실 때에 왜 친절하고 부드러운 분위기 속에서 하지 않으시고, 사람들이 두려움에 떠는 상태 속에서 율법을 내리셨겠는가? 사람들의 마음이 완고하여 두려워함이 없이는 하나님의 법을 지키려 하지 않는 까닭이다.

어떤 사람들은 구약의 하나님은 무서운 하나님이고 신약의 하나님은 사랑의 하나님이라는 뜻 모를 소리를 하지만 그것은 사실이 아니다. 신약에서도 하나님을 두려워해야 한다는 경고는 얼마든지 있다. 주님은 "내가 내 친구 너희에게 말하노니 몸을 죽이고 그 후에는 능히 더 못하는 자들을 두려워하지 말라 마땅히 두려워할 자를 내가 너희에게 보이리니 곧 죽인 후에 또한 지옥에 던져 넣는 권세 있는 그를 두려워하라 내가 참으로 너희에게 이르노니 그를 두려워하라"고 경고하셨다 눅 12:4-5. 여기서 주님이 말씀하시는 지옥이 어떤 곳인가? "거기는 구더기도 죽지 않고 불도 꺼지지 아니하느니라 사람마다 불로서 소금 치듯 함을 받으리라" 막9:48-49. 그런데 어떻게 구약의 하나님은 두려운 하나님이고 신약의 하나님은 두렵지 않은 하나님이라고 할 수 있는가?

그러므로 우리는 가장 먼저 하나님의 율법 앞에서 두려움에 떨어야 한다. 그 엄격함 앞에서, 그것을 지키지 못했을 때에 우리에게 떨어지는 하나님의 진노에 대해서 두려워 떨어야 한다. 그리고 필사적으로 예수 그리스도의 구속의 은혜를 붙들어야 한다. 이것이 우리 신앙에 꼭 필요한 요소이다. 이것이 없이는 마음 속에 하나님의 명령을 반드시 지키고 살아야 한다는 강한 동기가 일어나지 않는다. 그러므로 우리는 가장 먼저 자신의 교만을 깨닫고 그 앞에서 두려워 떨어야 한다. 자기는 겸손하여 이 정도면 되었다는 괴상한 생각을 하고 있다면 그는 실은 참된 겸손에서 가장 거리가 먼 사람이다. 이제 교만의 두려움을 좀더 생생하게 알아서 그것을 더욱 열심히 버릴 수 있기 위해서 교만한 사람이 걷는 길에 대해서 보기로 한다.

> 하나님의 율법을 지키지 못했을 때 하나님의 진노에 대해 두려워 떨어야 한다

교만한 자의 궁극적인 말로

우리는 시편 1장에서 교만한 자의 말로에 대해서 볼 수 있다. 그는 마치 '바람에 나는 겨와 같다'고 했다. 이것은 대단히 생생한 묘사이다. 이미 최후의 심판 때의 모습을 묘사하는 것으로 보인다. '악인이 심판을 견디지 못한다'는 표현, 그리고 '죄인이 의인의 회중에

들지 못하리라' 는 표현이 최후의 심판의 날의 모습을 생각하게 한다. 여기서 그리고 있는 모습은 이런 것이다. 지금 이삭 낱알과 겨가 뒤섞여 있는 곡식 더미가 있다. 이 때에 낱알과 겨를 구분하기 위해서 키질을 하게 된다. 바람이 불 때에 낱알과 겨를 키에 담아서 공중에 획 던졌다가 다시 받는다. 그러면 낱알은 무거워서 그대로 키에 떨어지지만 겨는 바람에 획 날아가는 것이다. 시인은 이런 모습을 마음 속에 그리고 있다. 최후의 심판을 할 때에 하나님은 이렇게 키질을 하실 것이다. 의인과 선인은 심판의 바람이 불어도 그것을 견딘다. 그러나 악인은 겨와 같아서 심판의 바람을 견디지 못하고 날아간다. 그렇게 해서 악인은 의인의 회중에 들지 못하는 것이다. 바로 이것이 오만한 자를 포함한 악인의 말로라고 시인은 선언한다. 이 세상에서 교만하게 사는 것은 이렇게 두려운 일이다. 최후의 심판 자리에 가면 이 세상에서 자기의 힘을 믿고 산 사람들, 자기의 재능을 믿고 산 사람들, 자기의 재물을 믿고 산 사람들은 심판의 바람을 견디지 못하고 날아가 버릴 것이다. 그래서 죄인은 의인의 회중에 들지 못하게 된다.

사람은 자기가 의지하는 것을 자랑함

죄인은 이 세상에서 하나님을 의지하지 않고 헛된 것을 의지한 까닭에 거기에 실질과 능력이 없다. 그래서 날아가 버리는 것이다. 무엇을 의지하느냐 하는 것은 무엇을 자랑스럽게 생각하느냐 하는 문제와 연결되어 있다. 우리는 무엇을 자꾸 자랑하는 사람을 가리켜서 교만한 사람이라고 생각한다. 그래서 자랑과 겸손은 양립할 수 없다고 본다. 그러나 우리는 무엇인가를 자랑하지 않을 수 없는 성격을 가진 듯하다. 밖으로 드러내 놓고 자랑은 못해도 마음 속으로 은밀하게나마 자랑스럽게 생각하는 것은 누구에게나 있는 법이다. 문제는 바로 그것이다. 우리가 마음 속으로 자랑스럽게 생각하는 그것이 과연 무엇인가 하는 것이다.

사도는 자랑에 대해서 일관된 원칙을 가지고 있었다. 그는 그것을 "기록된 바 자랑하는 자는 주 안에서 자랑하라 함과 같게 하려 함이니라"는 말로 표현했다 고전 1:31. 이 동일한 말을 고린도후서 10장 17절에서 다시 한다. "자랑하는 자는 주 안에서 자랑할지니라." 이 말은 구약에서 인용한 것이다. 고린도전서 1장 31절의 '기록된 바'라는 표현이 그것을 보여 준다. 그가 인용하는 구약은 예레미야 9장 23-24절이다. "여호와께서 이같이 말씀하시되 지혜로운 자는 그 지혜를 자랑치 말라 용사는 그 용맹을 자랑치 말라 부자는 그 부함을 자랑치 말라 자랑하는 자는 이것으로 자랑할지니 곧 명철하여 나를 아는 것과 나 여호와는 인애와 공평과 정직을 땅에 행하는 자인 줄 깨닫는 것이라 나는 이 일을 기뻐하노라 여호와의 말이니라."

여기서 예레미야는 지혜로운 자는 자기의 지혜를 자랑치 말라고 했다. 이것을 다른 말로 하면 자기의 지혜를 의지하지 말라는 말이다. 용사는 그 용맹을 자랑치 말라고 했다. 다시 말하면 자기의 용맹을 의지하지 말라는 말이다. 부자는 자기의 부함을 자랑치 말라고 했다. 자기의 부함을 자랑하는 것은 자기의 부를 의지하는 것인 까닭이다. 사람이 어떤 것을 자랑스럽게 생각하는 것은 그것이 의지할 만큼 든든하다고 생각되는 까닭에 그것을 자랑하는 것이다. 그렇지 않다면 사람은 그것을 자랑스럽게 생각하거나 자랑하지 못할 것이다. 그러므로 명철을 자랑하는 현자나 용맹을 자랑하는 용사나 부함을 자랑하는 부자는 모두 자기의 지혜와 용맹과 부함이 자기의 생명을 지탱해 줄 만큼 든든하다고 생각하니까 그것을 자랑하는 것이다. 그러나 실은 그것들은 자랑할 것이 못 된다. 왜냐하면 그것이 사람의 생명을 지탱해 줄 수 있을 만큼 든든하지 못한 까닭이다. 그래서 예레미야는 그런 것들을 자랑하지 말라고 말한 것이다.

그런 것들이 아니면 사람은 무엇을 자랑해야 하는가? "명철하여 나 여호와를 아는 것과 나 여호와는 인애와 공평과 정직을 땅에 행하는 자인 줄 깨닫는 것이라." 이 문장의 기본적인 의미는 사람이 자랑할 것은 여호와를 아는 지식이라는 것이다. 그 지식은 '여호와는 인애와 공평과 정직을 땅에 행하는 자' 라는 지식이다. 그러면 왜 사람은 이 지식을 자랑해야 하는가? 이는 거기에 사람이 의지할 만한 것이 있는 까닭이다. 용맹이나 지식이나 부는 사람이 자랑할 만한 것이 못 된다. 왜냐하면 그것은 의지할 만한 것이 못 되는 까닭이다. 그러나 '여호와가 인애와 공평과 정직을 땅에 행하는 자' 임을 깨닫는 것은 자랑할 만한 일이다. 왜냐하면 그 지식 속에 사람이 진정 의지할 대상이 있는 까닭이다.

사도 요한이 이 세상에서 자기를 의지하고 산 사람들이 마지막 날에 어떻게 되는가 하는 것을 환상중에 보았다. 요한계시록 6장 15절에 보면 여섯째 인을 떼실 때에 "땅의 임금들과 왕족들과 장군들과 부자들과 강한 자들과 각 종과 자주자가 굴과 산 바위 틈에 숨어 산과 바위에게 이르되 우리 위에 떨어져 보좌에 앉으신 이의 낯에서와 어린 양의 진노에서 우리를 가리우라 그들의 진노의 큰 날이 이르렀으니 누가 능히 서리요 하더라" 계 6:15-17. 이것이 마지막 날에 있을 일이다. 여기 임금들과 왕족들과 장군들과 부자들과 강한 자들은 이 세상에서 자기 힘을 믿고 자기 부를 자랑하고 의지하던 사람들이다. 그들 중에는 종도 있다. 아마 그렇게 강한 자들의 권세에 의지해서 세도를 부리던 종들일 것이다. 그들은 교만한 사람들이었다. 그들은 마지막 날에 하나님 앞에 서지 못한다. 왜 그러한가? 그들이 하나님을 의지하지 않고 자기들의 힘과 부를 의지한 까닭이다. 그들은 마땅히 자랑할 것을 자랑하지 않았고, 마땅히 의지할 것을 의지하지 않았다. 그래서 그들은 교만한 자들이다. 교만한 자들은 하나님께서 거두어들이지 않으실 것이다. 하나님은 그들을 내리치실 것이다. 그러므로 이들은 마지막 날에 자기들이 믿고 의지하던 것들이 실은 아무 것도 아닌 것을 깨달을 것이다. 그리고 그들은 자기들을 구원하러 오시는 것이 아니라 심판하러 오시는 어린 양의 진노 앞에서 숨을 곳을 찾을 것이다. 이렇게 해서 그들은 바람에 나는 겨와 같이 날아가 그 흔적조차 없어질 것이다.

벨사살 왕의 패망

그러나 교만한 자는 마지막 심판의 날이 오기 전에 이 세상에서라도 교만의 대가를 치른다. 다니엘 5장에 기록된 벨사살 왕이 한 예이다. 벨사살 왕은 바벨론의 왕으로서 그의 선왕인 느부갓네살 왕이 이스라엘의 하나님 앞에서 스스로 겸비하지 않고 교만한 마음을 품었다가 엄중한 하나님의 치심을 받는 값비싼 대가를 치르고 나서야 비로소 그 마음이 겸손하게 된 것을 알고 있었다 단4:1-37. 그렇다면 그는 마땅히 하나님 앞에서 자기를 낮추고 겸손히 자기의 위치를 지켜야 했다. 그런데 벨사살 왕은 그런 미덕을 갖추지 못했다. 천지의 대주재 앞에서 자기가 얼마나 낮은 마음을 품어야 할지에 대한 감각이 없어서 마음이 마치 짐승과 같이 되었다. 그래서 그가 한 괴악한 짓이 다니엘 5장 3-4절에 기록되어 있다. "이에 예루살렘 하나님의 전 성소 중에서 취하여 온 금 기명을 가져오매 왕이 그 귀인들과 왕후들과 빈궁들로 더불어 그것으로 마시더라. 무리가 술을 마시고는 그 금, 은, 동, 철, 목, 석으로 만든 신들을 찬양하니라."

하나님의 전 성소에서 취한 것이라면 그것은 원래 이스라엘의 제사장이 하나님께 제사하기 위해서 준비한 물품들이었다. 이스라엘 사회에서는 일반 사람들은 그것을 함부로 만지지도 못하던 것이었다. 그런데 하나님께서 바벨론을 들어 이스라엘의 불순종을 형벌하는 도구로 사용하기 위해서 강성하게 하여 이스라엘을 바벨론에 붙였다. 그렇다고 해서 하나님이 존엄을 잃은 것도 아니고 힘이 없어진 것도 아니다. 하나님은 느부갓네살에게 그것을 알아듣도록 일러 주셨다. 느부갓네살이 강성해지고 바벨론이 대제국이 된 것이 결코 자기들의 힘으로 그렇게 된 것이 아님을 하나님께서 일러 주신 것이다. 벨사살도 그 이야기를 들어서 알고 있었을 것이다. 그런데도 불구하고 이 자는 하나님을 모독하고 신성한 이름 짓밟기를 주저하지 않았다. 그래서 하나님의 것으로 구별하여 거룩하게 한 기명器皿들을 가지고 술을 부어 마실 뿐만 아니라 그 자리에서 자기들의 우상을 찬양한 것이다.

이렇게 그들이 하나님의 이름 모독하기를 주저하지 않자 하나님도 심판을 주저하지 않으셨다. 그래서 즉시 벽에 사람의 손가락이 나타나 글을 썼다. 신성하고 기이한 모습에 얼이 빠진 벨사살 왕이 다니엘을 불러 벽에 쓰인 글의 의미를 물었을 때에 다니엘이 한 말이 다니엘 5장 18-24절에 기록되어 있다. 그 벽에 쓰인 글은 '메네 메네 데겔 우바르신'이었고, 뜻은 바벨론이 벨사살 시대에 망하여 메대와 바사로 분할되리라는 예언이었다. 바로 그 날 밤에 벨사살 왕은 죽임을 당하고 당시 62세였던 메대 왕 다리오가 그 나라를 차지하게 되었다. 이것이 하나님을 인정하고 높여야 할 만한 모든 조건을 갖추고 있으면서도 하나님을 두려워하지 않고 그 앞에서 자기를 낮추지 않은 사람의 말로이다.

그러므로 우리는 마땅히 하나님을 두려워해야 한다. 하나님 앞에서 스스로를 낮추고 겸비해야 할 것이다. 그의 말씀의 가장 하찮아 보이는 것이라 할지라도 가장 심중하게 여기고 가장 무거운 계명으로 간주하고 거기에 주의해야 한다. 우리 마음의 움직임이 하나님의 가장 작은 계명이라도 무시하고자 한다면 우리는 가장 큰 두려움으로 떨어야 할 것이다. 그것은 그렇게 떨고 무서워할 만한 일이다.

사울의 패망

헛된 영광을 좇다가 패망한 자의 좋은 예는 사울이다. 우리는 그에게서 헛된 영광을 구하는 자가 어떻게 무수한 회개의 기회를 다 버리고 완전한 패망에 이르도록 자기의 교만을 고집하는지를 보게 된다. 사울은 베냐민 지파 기스의 아들로서 기골이 장대한 인물이었다. 사무엘상 10장 23절에 의하면 사울은 다른 사람들보다 어깨 위나 더 크더라고 했다. 보통 사람의 머리 끝이 그의 어깨에 이르렀으니 보통 사람보다 한 30센티미터는 더 컸을 것이다. 그런데 사무엘이 그를 왕으로 세우고자 했을 때에 그는 행구 사이에 가서 숨을 정도로 수줍음을 타는 겸손한 인물이었다 삼상 10:22.

그런 사울이었으나 사무엘이 그를 왕으로 선포하고 사람들이 사울 왕 만세를 외치며 삼상 10:24, 하나님의 신이 그에게 임하여 백성이 그를 두려워하자 삼상 11:6-8 어느 결엔가 그의 마음 속에 교만이 스며들었다. 그의 첫째 잘못은 자기에게 허용되지 않은 제사장의 직무를 행하려 한 것이었다. 블레셋 사람과 전쟁을 준비하면서 사울은 사무엘이 와서 제사 드리기를 기다리고 있었다. 이것이 사울에 대한 하나님의 첫 번째 시험이었다. 사울은 끝까지 기다리든지 그렇지 않으면 하나님의 다음 처분을 기다려야 했다. 그런데 그는 그만 기다리지 못하고 자기가 나서서 번제를 드리고 말았다. 사울이 시험에서 떨어진 것이다. 그는 주제넘은 짓을 했다. 마땅히 자기의 한계와 자기의 자리를 지켜야 했음에도 불구하고 자기가 나서지 말아야 하는 제사장의 일을 행했다. 이 점에서 웃시야와 비슷하게 자기의 위치를 지키지 않았다. 자기를 훨씬 자기 이상으로 생각한 것이다. 사무엘은 사울의 그 잘못이 무엇을 의미하는지를 잘 알았다. 그래서 사울에게 그의 나라가 길지 못하리라고 선포하였다 삼상 13:5-15.

그럼에도 불구하고 하나님은 한동안 사울과 함께하셨다. 그래서 그로 하여금 블레셋과의 싸움에서 승리하게 하시면서 왕의 직무를 감당하게 하셨다. 그러던 중에 다시 한 번 사울의 믿음을 시험하는 일이 발생했다. 아말렉에 하나님의 심판을 행하라는 명령이 사울에게 떨어진 것이다. 그러나 이번에도 사울은 하나님의 법을 순종할 생각을 하지 않았다. 아말렉을 완전히 도륙하고 가축까지 살려 두지 말라는 명령을 어기고, 아말렉 왕 아각도 살려 두고 소와 양의 가장 좋은 것들을 남겨 둔 것이다. 사무엘이 이 잘못을 지적하자 사울은 변명하기를, 가장 좋은 것을 남겨 둔 것은 하나님께 드리기 위한 목적이라고 둘러대었다. 그에 대해서 사무엘은 만고에 기억할 만한 진리를 이야기함으로써 그의 입을 막았다. "사무엘이 가로되 여호와께서 번제와 다른 제사를 그 목소리 청종하는 것을 좋아하심같이 좋아하시겠나이까 순종이 제사보다 낫고 듣는 것이 수양의 기름보다 나으니 이는 거역하는 것은 사술의 죄와 같고 완고한 것은 사신 우상에게 절하는 것과 같음이라" 삼상 15:22, 23.

사울이 맞이한 비참한 최후의 원인

그러면 우리는 사울이 도대체 어떤 마음을 품었고 그의 인격이 어떠했기에 이렇게 하나님의 말씀을 불순종함으로써 스스로 멸망의 길을 자초하게 되었는지 궁금해진다. 그것은 바로 왕권에 대한 집착 즉 다른 사람들 위에 군림하려는 욕망의 결과였음을 그 뒤의 이야기를 통해서 알 수 있다. 사울은 자기의 왕권에 대단히 연연한 사람이었다. 그것이 두 번의 이야기에서 드러난다. 첫째는 그가 아말렉 왕을 사로잡고 가축 중 가장 좋은 것을 남겨 둔 사실에서 드러난다. 그는 사무엘에게 말하기를 "백성이 당신의 하나님 여호와께 제사하려 하여 양과 소의 가장 좋은 것을 남김이요" 삼상15:15라고 했다. 다시 말하면 백성이 그것을 남겼고, 자기는 그것을 묵인했다는 것이다. 사울은 아말렉에 대한 하나님의 처분을 알았고, 그것을 순종해야 한다는 것을 알고 있었다. 그럼에도 불구하고 그는 백성이 그것을 욕심을 내었든지 아니면 정말로 하나님께 제물로 드리고자 했든지 간에 백성의 말을 따라간 것이다. 그는 백성이 하나님의 뜻을 거스를 때에 거기에 대해서 감연히 아니라고 말할 용기가 없었다. 아마 백성을 하나님보다 더 두려워해서 그랬을 것이다. 그 말 속에서 백성의 인기를 잃음으로써 왕권이 위험해지는 일을 피하겠다는 계산이 있었을 것임을 추론할 수 있다.

이렇게 추론할 수 있는 이유는 그가 왕권에 집착함을 보여 주는 두 번째 사례에서 분명하게 알 수 있다. 사무엘이 사울을 다시는 안 보겠다고 하고 그를 타매하자 사울은 사무엘을 붙잡고 늘어졌다. 그러면서 말하기를 "내가 범죄하였을지라도 청하옵나니 내 백성의 장로들의 앞과 이스라엘 앞에서 나를 높이사 나와 함께 돌아가서 나로 당신의 하나님 여호와께 경배하게 하소서"라고 한다 삼상 15:30. 그는 하나님 앞에 범죄하였으므로 하나님과의 관계에서 그 문제를 해결하는 것이 가장 화급한 일이었다. 백성이 자기를 어떻게 보고 있느냐, 그 앞에서 자기의 체면이 무엇이 되느냐 하는 것은 전혀 문제가 아니었다. 그런데도 그는 하나님 앞에서 자기가 범죄한 사실보다 백성 앞에서 자기의 위신이 지켜지는 것이 더 중요하다는 것이다. 왕으로서의 자기의 체통이 더 중요하니 자기의 체통을 지켜 달라는 것이다. 우리는 여기서 사울의 마음이 어디에 가 있는지 알 수 있다. 그는 하나님의 명령을 순종하는 것보다도 자기가 이스라엘의 왕으로 행세하는 데에 더욱 마음이 가 있었다. 자기의 영광을 추구하고 있었던 것이다. 사울은 자기가 백성 앞에서 수치를 당하더라도 하나님께 버림을 받지 않는 것이 더 중요하다고 생각했어야 했다. 그런데 그는 그렇게 할 수 있는 신앙의 인격에 도달하지 못했다.

사무엘은 사울의 언행으로부터 그의 교만을 간파했다. 그는 사울을 향해서 대놓고 당신은 지금 교만하다고 말하지는 않았지만, 간접적으로 그의 교만을 지적했다. 그것이 사무엘상 15장 17절에 나타난다. "사무엘이 가로되 왕이 스스로 작게 여길 그 때에 이스라엘의 지파의 머리가 되지 아니하셨나이까." 그가 겸손할 때에 하나님께서 그를 높여서 이스라엘의 왕으로 삼으셨다는 말이다. 그렇다면 지금은 그가 자기를 작게 여기지 않고 있다는 말이다. 그는 이스라엘의 왕이 되어 스스로를 큰 자로 느끼고 있는 것이다.

사울이 자기 영광을 추구하며 스스로를 높이는 이 비극은 그의 난치병이 되었다. 그가 다윗을 대하는 방식에서 그것이 극명하게 드러난다. 그는 다윗을 시기했고 미워했다. 그리고 그를 죽이기 위해서 평생 동안 혈안이 되어 그를 따라다녔다. 하나님의 은혜가 다윗과 함께하신다는 사실 때문에 다윗을 죽이고자 했다는 사실을 감안하면 사울의 마음이 얼마나 뒤집힌 상태였는지를 알 수 있다. 마침내 그의 마음에는 악귀가 들락날락하는 지경에 도달했고, 그렇게 하여 그의 생애는 서서히 무너져가다가 마침내 자기 아들 요나단과 함께 길보아 산에서 블레셋 사람의 손에 죽고 만다. 이것이 바로 자기를 스스로 작게 여긴 겸손에서 시작하여 자기를 스스로 크게 생각한 교만으로 빠졌다가 마침내 비참한 최후를 맞이한 사울의 생애였다. 하나님께서 교만한 자를 어떻게 내리치시는지를 잘 보여 준다.

압살롬의 패망

자기를 자기 이상으로 생각하다가 망한 또 다른 대표적인 인물이 압살롬이다. 다윗은 헤브론에서 여섯 명의 아내로부터 아들 여섯을 두었는데, 압살롬은 셋째 아들이었다. 그의 어미는 마아가라는 여인으로 그술 왕 달매의 딸이었다고 했다 삼하 3:3. 그러니까 압살롬의 모친인 마아가는 그술 부족의 공주였던 셈이다. 그녀의 딸인 다말도 미인이었고 삼하 13:1, 압살롬도 용모가 대단히 아름다웠다고 한 것을 보면 삼하 14:25 "온 이스라엘 가운데 압살롬같이 아름다움으로 크게 칭찬받는 자가 없었으니 저는 발바닥부터 정수리까지 흠이 없음이라", 아마 마아가도 미색이 뛰어났던 여인으로 짐작된다.

그런데 이 압살롬은 부왕인 다윗을 축출하고 왕이 되고자 했다. 그래서 다윗의 모사였다가 주군을 배반하고 압살롬을 섬긴 아히도벨의 책략을 따라서 백주에 다윗의 후궁과 동침하는 괴악한 짓을 주저하지 않았다 삼하 16:20-23. 하나님께서는 그를 넘어뜨리기로 작정하셨다. 그는 지혜로운 아히도벨의 작전을 무시하고 다윗의 첩자로서 압살롬의 궁에 들어간 후새의 말을 듣고 어리석은 작전을 따르게 된다 삼하 17:14. 교만한 자가 지혜를 버리는 좋은 예이다. 그리고는 다윗을 대항하여 전면전을 일으켰다가 백전노장인 다윗의 군대에게 패하고 만다. 길르앗의 에브라임 숲에서 벌어진 전투 도중에 압살롬은 그의 자랑인 아름다운 긴 머리카락이 나무에 걸려 꼼짝 못하게 되자 요압과 열 명의 병기 든 자가 그를 쳐서 죽인다 삼하 18:9-15. 그가 자랑하던 것이 그의 죽음의 원인이 된 사실은 아이러니이다. 이렇게 해서 압살롬은 비참한 죽음을 당한다.

그는 아름다운 청년이었고 다윗의 지극한 사랑을 받았다. 심지어 그가 다윗에게 형언할 수 없는 악을 행하고 고통을 주었음에도 불구하고 다윗은 자기가 압살롬 대신 죽었으면 좋았겠다고 말하면서 울부짖었을 정도이다 삼하 18:33. 그만큼 압살롬에 대한 다윗의 사랑이 지극했다. 그러나 압살롬은 마음이 부풀어 올라 교만이 하늘을 찌르게 되었다. 하나님께서 다윗을 자신의 종으로 삼아 이스라엘의 왕으로 세우시고 생생한 증거로 그 사실을 입증했음에도 불구하고 압살롬은 감연히 그 사실을 거부하고 자기가 왕이 되고자 했다. 압살롬의 반역은 단순히 왕권을 노린 것뿐만 아니라 하나님의 권위에 도전한 것이었다. 그의 교만은 거기에 마땅한 하나님의 형벌을 자초한 것이다. 하나님은 압살롬의 교만을 묵과하지 않고 그에 합당한 형벌을 내리신 것이다.

> 압살롬의 반역은 단순한 왕권 도전이 아니라 하나님의 권위에 도전한 것

웃시야의 교만

역대하 26장 16절에 웃시야의 죄가 기록되어 있다. 웃시야는 유다 왕으로 부친 아마샤의 뒤를 이어 약관이 못 되는 16세에 왕이 되었다. 그런 웃시야는 하나님의 도움으로 승승장구하여 그 명성이 멀리 애굽까지 퍼졌다. 이렇게 강성한 왕이 되자 이제 웃시야가 겸손한 사람인지 교만한 사람인지가 드러날 수밖에 없게 되었다. 그가 어떤 사람인지가 드러난 사건이 역대하 26장 16절에 기록되어 있다. 역대기 저자는 이렇게 말한다. "저가 강성하여지매 그 마음이 교만하여 악을 행하여 그 하나님 여호와께 범죄하되 곧 여호와의 전에 들어가 향단에 분향하려 한지라." 이것이 웃시야가 교만하게 되어 한 일이다. 그는 왕으로서 교만하게도 제사장이 하는 일을 하려고 했다. 하나님의 법은 분명히 규정하기를 향단에 분향하는 일은 오직 제사장만 하도록 했다. 그런데 웃시야는 그 법을 알고 심지어 제사장 아사랴의 제지를 받으면서도 끝까지 자기가 분향하겠다고 우겼다. 하나님의 법의 권위 아래에 자기를 두지 않겠다는 것이었다. 심

히 방자한 일이 아닐 수 없다. 그러다가 그만 하나님의 치심을 받아서 문둥이가 되어 왕위도 내어 놓고 죽을 때까지 문둥이로 살다가 죽은 것이다.

웃시야가 왕의 위치에서 마땅히 해야 할 일을 하는 동안 하나님은 그에게 복을 주시고 그와 함께하셔서 그를 강성하게 만드셨다. 그러자 그만 교만하게 되었다. 그래서 자기의 위치와 한계를 벗어나서 자기가 취해서는 안 되는 위치를 취하려 했다. 그것이 하나님의 법을 짓밟는 행동으로 나타난 것이다. 하나님의 법을 유린하는 것은 하나님의 통치를 받지 않겠다는 것이다. 이것이 바로 교만이다. 창조주요 통치자로서 하나님만이 주장할 수 있는 권위를 자기가 주장하는 것이다.

그러므로 우리 모두 교만을 두려워해야 한다. 자기를 자기 이상으로 생각하는 것, 스스로를 높은 자로 생각하는 것이 얼마나 무서워할 만한 일인지를 깨달아야 한다. 자기 생명의 주인이 자기인 것처럼, 자기가 세상에서 안연히 사는 것이 자기의 지혜와 능력 때문인 줄 아는 것이 얼마나 두려운 일인지를 기억해야 한다. 다른 사람 위에 군림하여 인정과 존경을 받으려는 욕망, 다른 사람의 칭찬에 연연해 하는 것을 세상 사람들은 아무 것도 아닌 것처럼 여길 뿐더러 심지어 그들의 삶의 추진력으로 삼기도 한다. 그러나 하나님의 백성에게 그것은 독약과 같은 것이다. 벨사살과 압살롬과 사울과 웃시야의 예에서 본 것처럼 그것은 이 세상에서라도 사람을 비참과 죽음으로 몰아 넣고야 마는 저주스러운 병통이다.

결론

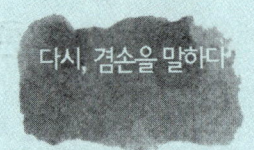
다시, 겸손을 말하다

결론

빌립보서 2:1-4의 사도 바울의 가르침과 자기 부인과 겸손에 대한 주님의 가르침을 종합해 보았을 때, 해방을 경험한 신자의 생활 태도는 자기보다 남을 낮게 여기는 태도 곧 자신을 다른 사람을 섬기는 자로 인식하는 것이다. 자신이 다른 사람의 섬김을 받는 존재가 아니라 다른 사람을 섬기는 존재라는 이 인식이 자기 생활의 모든 부분을 지배해야 한다. 자신의 삶 전체를 다른 사람을 섬기는 직책의 수행으로 인식해야 한다는 것이다. 이것이 주님의 겸손에서 드러난다. 그리스도의 탄생과 성장과 공생애와 십자가의 죽으심과 부활 곧 그분의 삶 전체가 사람들을 섬기기 위한 것이었다. 그러므로 주님이 이 세상에서 사시는 동안 먹고 마시고 휴식을 취하고 사람들을 만나고 가르치고 한 모든 활동들은 그 섬김을 실행하는 삶이었다. 그리스도의 겸손은 하나님과 함께 동등됨을 자기의 것으로 유지하면서 영광과 높임을 받아야 할 자리에서 사람을 섬기는 낮은 위치로 내려오심으로 드러났다. 이것이 신자가 본받아야 할 겸손의 모범이다. 그렇게 되기 위해서는 자기 삶을 다른 사람을 섬기는 삶으로 이해하고 실행해야 한다. 다른 사람이 자기의 유익을 위해서 봉사하기를 기대하는 것이 아니라 자신이 다른 사람의 유익을 위해서 봉사하는 생활이다.

이것은 그리스도인들의 삶을 세상 사람들의 삶과는 전혀 다른 지평에 위치시킨다. 세상 사람은 섬김을 받으려 하고 자기를 높이려 한다. 그러나 신자는 다른 사람을 섬기려 하고 자신을 낮추려 한다. 만약 모든 신자가 이런 생활을 유지한다면 그들은 불신자와 전혀 다른 생활 방식을 취할 것이다. 그리고 불신자에게 깊은 인상을 줄 것이다.

우리가 이 육신의 장막을 벗고 영원한 나라에서 주님과 함께하는 그 날 비로소 우리는 교만의 짐을 완전히 벗어 버릴 것이다. 죄가 없고 죽음이 없고 더러움이 없는 그곳에서 비로소 우리는 교만과의 싸움을 그칠 것이다. 인간의 마음 속에 끊임없이 교만을 일으키는 존재인 마귀도 그 세력을 완전히 잃고 영원히 갇힐 것이다. 또한 마귀의 교만에 동조하던 우리의 마음도 완전히 새롭게 될 것이다. 우리의 감정도 완전히 순결해질 것이다. 이는 우리가 그 때에 비로소 완전히 겸손한 지경에 도달하는 까닭이다. 그리스도의 마음을 완전히 우리의 마음으로 소유한 까닭이다. 우리의 마음은 창조주 하나님의 통치에 완전히 순복할 것이며 조금의 흠이나 티도 없을 것이며 완전한 만족과 행복이 있을 것이다. 그 날이 신자를 기다리고 있는 것이다.

그 날 신자는 또한 자신이 말할 수 없이 높아진 사실을 알게 될 것이다. 지상에서 자신을 다른 사람을 섬기는 자로 규정하고 섬김을 실행하기 위해서 낮은 곳을 바라보고 자기에 대해서 높은 평가를 가지지 않았던 삶이 실제로 하나님께 얼마나 기쁨을 드리는 삶이었는지가 그 날 드러날 것이다. 하나님의 기쁨은 겸손한 자들을 말할 수 없이 높이는 것으로 드러날 것이다. 하나님이 그리스도를 얼마나 높이셨는지가 이미 드러났다. 그리스도를 주로 삼으심으로 만물을 그 앞에 엎드리게 하신 사실이 이미 우리 눈앞에 밝히 드러났다. 그렇다면 그런 그리스도의 겸손을 흠모하고 따른 사람도 마지막 날에 그렇게 높이 들림을 받을 것이다. 아니, 그 날이 되기 전에 이미 그들은 높이 들림을 받은 자리에 있다. 그리스도 안에서 그리스도와 함께 이미 높이 들림을 받은 것이다. 그러므로 이 세상에서 겸손하게 다른 사람을 섬기는 자리에 자신을 둔 사람은 이미 하나님 앞에서와 그리스도 안에서 영광의 자리에 있는 것이다. 하지만 그리스도의 생애에서 드러났듯이 그 영광의 자리는 이 세상에서는 낮고 천한 모습으로 나타난다. 그 위치의 영적인 실상은 찬란하고 영광스러우나 세상에서 그것이 드러나는 모습은 병들고, 가난하고, 연약하고, 버림받고 무시당하는 모습으로 나타난다. 우리가 앞에서 보았지만 이 세상이 바로 교만이 지배하는 세상인 까닭이다.

우리에게 믿음이 필요한 것은 이런 이유에서이다. 지금 겸손한 사람의 눈에 보이는 것은 낮고 천한 모습이고, 그가 경험하는 것은 무시와 냉대이다. 그것이 눈에 보이는 현실이다. 겸손한 자가 처한 그 위치의 참된 영광은 눈에 보이지 않는다. 그것은 이 세상에서는 경험되지 않는다. 그것은 오로지 믿음으로만 알 수 있을 뿐이다. 그래서 보이는 대로 행하지 않고 믿음으로 행하는 것이 필요하다. 이렇게 참되고 영적인 영광과 찬란함을 추구하는 것도 역시 이기심이고 욕심이 아닌가 하고 묻는 것은 옳지 않다. 그렇게 묻는 사람은 혹시 자신을 하나님보다 더 의롭다고 생각하는 것은 아닌지 모르겠다.

여기서 우리는 그리스도의 영광을 세상적인 방식 곧 힘과 부와 찬란함으로 증명하려는 시도가 착각임을 기억해야 한다. 그 시도의 일환으로 사람들은 교회를 거창하고 찬란하게 꾸미고 종교적 예식을 화려하고 장엄하게 하며 기독교의 행사를 요란하게 한다. 그렇게 함으로써 그리스도의 영광을 증명하겠다는 소박한 생각이 그 배후에 있다. 그러나 우리가 지금까지 보았듯이 그것은 위험천만한 일이다. 그것은 그리스도가 다시 오시는 역사의 마지막에 가서 하나님이 이루실 일을 지금 세상에서 사람의 힘으로 이루려는 시도이다. 이것은 어이없는 오해이다.

현 역사는 그리스도께서 자신의 영광을 눈에 보이는 방식으로 드러내시는 시기가 아니다. 세상 역사의 성격은 여전히 그리스도의 지상 생애에서 드러난 겸손이 신자의 삶을 지배한다. 그리스도의 겸손한 지상 생애, 그의 낮아지심과 고난과 멸시와 십자가의 죽으심은 모든 사람이 볼 수 있도록 진행되었다. 그러나 그리스도의 승리의 부활과 승천과 높이 들리심은 모든 사람의 눈에 보이는 방식이 아니라 믿음의 눈에만 보이는 방식으로 성취되었다. 왜 그런가? 왜 그리스도는 지금 하늘 문을 열어서 자신의 영광과 높아짐을 모든 사람이 볼 수 있게 하지 않으시는가? 이 시대가 아직 보는 것으로 행하지 않고 믿음으로 행하는 시대인 까닭이다. 따라서 그리스도의 영광은 보이는 방식으로 나타나는 것이 아니라 믿음으로만 알 수 있는 방식으로 나타난다. 그래서 믿음이 있는 사람은 그것을 알지만 믿음이 없는 사람은 그것을 알지 못한다. 이것이 현 역사에서 진행되는 하나님의 섭리이다. 그럼에도 불구하고 그 영광과 찬란함을 사람의 힘으로 드러내겠다는 것은 부당한 생각이다. 그런 시도를 하나님은 용납하지 않으신다는 것이 역사의 교훈이다.

종교개혁자들은 로마 교회로부터 그런 일체의 화려함을 제거했다. 그런 화려함은 세상 역사의 교회에는 어울리지 않는 까닭이다. 그리고 교역자들은 검소하고 질박하게 살았다. 진정한 영광이 이 세상에서 드러나는 모습임을 그들은 알았기 때문이다. 오늘날 한국 교회의 어떤 사람들이 견지하고 있는 바 하나님의 종은 더 화려하게 살아야 한다는 미신은 도대체 어디서 온 것인지 알 도리가 없다. 세상에서 그렇게 잠깐 동안 높아지려는 생각은 아주 긴 세월 동안 낮아지는 결과를 가져올 것이다.

도리어 진정한 생명과 영광과 높이 들림은 자신의 교만을 깨닫고 자기를 미워하고 슬퍼하면서 오로지 그리스도의 겸손만을 바라보는 신자에게만 준비된 미래이다. 물론 그 모든 것은 그리스도 안에 있음으로써 그에게 약속된 복이다.

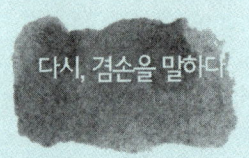
다시, 겸손을 말하다